ENCYCLOPÉDIE
BIOGRAPHIQUE
DU DIX-NEUVIÈME SIÈCLE.

EXTRAIT

DE LA

DEUXIÈME CATÉGORIE:

FASTES DE LA PAIRIE.

PARIS.

BUREAUX DE L'ENCYCLOPÉDIE BIOGRAPHIQUE,
RUE CASSETTE, 8.

1844.

NOAILLES (maison de).

Ce serait vainement que l'on chercherait dans l'histoire un nom plus illustre que celui de Noailles. Ni l'ancienneté, ni les titres de noblesse, ni la grandeur des alliances, ni l'illustration, ni la gloire, rien enfin n'a manqué pour faire de cette famille une de celles dont la France s'honore le plus. Connue dès l'an 1023, ainsi que l'atteste une donation faite à l'abbaye de Saint-Martial de Limoges, par Rainaud, seigneur de Noailles, et regardée dès cette époque comme une des plus nobles du Limousin dont elle est originaire, cette famille n'a cessé de briller jusqu'à nos jours d'un éclat toujours croissant. C'est surtout dans les quatre derniers siècles qu'elle a acquis ses plus beaux titres de gloire. Nous y voyons en effet des maréchaux, des pairs ecclésiastiques et laïcs, des évêques, un archevêque de Paris, un cardinal, des ambassadeurs, des ministres d'État, des grands d'Espagne, des gouverneurs-généraux, un vice-roi. Quoique nous ne nous soyons imposé que la tâche d'esquisser la vie de l'héritier actuel de ce nom à jamais illustre, nous ne pouvons résister au désir de faire connaître à nos lecteurs la plupart des personnages qui composent la riche série de ses ascendants; et

23

de cinq ans entre la France et l'Autriche, et cette trève fut suivie du traité de Vaucelles, dont la conclusion est due à l'influence de cet homme d'État. Rentré en France, Antoine de Noailles reçut du Roi une preuve de la haute considération qu'il avait pour lui; ce prince lui confia l'éducation de ses enfants, les ducs d'Orléans, d'Angoulême et d'Anjou. Mais bientôt le revers de Saint-Quentin l'enleva à ces pacifiques occupations; le Roi le chargea de la défense de Coucy, en Picardie, et plus tard des côtes de la Guyenne, que menaçait une flotte anglo-espagnole. Il prit si bien ses mesures, il en imposa tellement aux ennemis, que, malgré l'exiguité de ses ressources, ils n'osèrent l'attaquer.

Nommé maire de Bordeaux par les suffrages des catholiques et des protestants, qui tous étaient pleins de confiance dans sa probité, il eut le mérite de faire avorter une conjuration ourdie par les Huguenots, qui, au moyen de quelques intelligences qu'ils avaient dans la ville, et avec le commandant du Chateau-Trompette, avaient voulu s'emparer de la capitale de la Guyenne. Sa mort, arrivée peu de temps après cette échauffourée, fit croire qu'il avait été empoisonné. On voit encore sa tombe dans l'église de Saint-André, à Bordeaux.

François de Noailles, frère d'Antoine, entré de bonne heure dans la carrière ecclésiastique, et d'abord aumônier d'Henri II, fut envoyé en Angleterre sous prétexte de complimenter la reine Marie sur la réunion de ses états dans le sein de l'église catholique, mais en effet, pour travailler avec son frère à obtenir la paix. Antoine, dans ses dépêches, avoue que le traité de Vaucelles est dù en grande partie à l'adresse de François. C'est lui qui fut choisi pour en porter la nouvelle au pape Paul IV, et lui faire agréer ce traité qui blessait les intérêts de la cour de Rome. De retour en France, le Roi récompensa ses bons services en le nommant évêque de Dax, et en l'envoyant en Angleterre avec le titre d'ambassadeur. La guerre s'était rallumée alors entre l'Espagne et la France ; le nouvel ambassadeur que l'on essaya vainement à Londres de tromper sur les intentions de la Reine et les dispositions des Anglais, ne cessait, dans ses dépêches, d'avertir son gouvernement des dispositions de la Reine et des ministres, des préparatifs de guerre, des armements de Philippe II, en Allemagne, et du nombre des troupes ; il indiquait, en véritable homme d'état, les mesures à prendre, et insistait pour qu'on fortifiât les places de la Normandie et de la Picardie ; mais la cour, plongée à cette époque dans les plaisirs, ne fit pas assez de cas de ces sages avertissements. L'envahissement de la Picardie et la prise de Saint-Quentin, et bientôt après la rupture de l'Angleterre, montrèrent la justesse et l'importance des avis négligés. Par suite de la guerre, l'évêque de Dax quitta Londres, et débarqua à Calais, qui depuis deux siècles était au pouvoir des Anglais ; tout homme d'église qu'il était, il examina attentivement les fortifications de cette ville, avec la sagacité d'un homme supérieur, en sentit les côtés faibles, et sur un rapport très-pressant et très-circonstancié qu'il adressa au Roi, celui-ci envoya le duc de Guise pour assiéger cette place, qui, au bout de huit jours, fut remise en notre pouvoir. François de Noailles rendit un service éminent à son pays en lui restituant ainsi en quelque sorte cette ville, dont la possession faisait dire aux Anglais qu'ils avaient les clefs de la France pendues à leur ceinture.

Bientôt après, François de Noailles fut envoyé en ambassade à Venise, avec la charge de surintendant des finances en Italie pour nos troupes du Ferrarais et de la Toscane. A Venise, l'évêque de Dax soutint, d'une manière ferme et vigoureuse, le droit de préséance des ambassadeurs français sur ceux de l'Empereur, droit que son prédécesseur, l'évêque de Lodève, avait en quelque sorte laissé périmer, en consentant à ne point paraître, non plus que l'ambassadeur d'Espagne, dans les cérémonies publiques, et qui, dans l'état ancien de l'Europe, et en présence de la prétention de l'Espagne et de la maison d'Autriche à la domination universelle, avait une signification et une importance toute autre que celle d'une prétention vaniteuse et frivole. Henri, duc d'Anjou, depuis roi de Pologne et ensuite de France, lui écrivit, à ce sujet, la lettre la plus flatteuse, où il reconnaissait l'importance de cette affaire, et dans laquelle il complimentait l'ambassadeur de la fermeté qu'il avait montrée pour faire prévaloir les droits de son prince, en le louant en même temps de tous ses autres services et de l'heureuse restitution de Calais.

Après la mort de François II, l'évêque de Dax quitta Venise, fut nommé conseiller-d'état par Charles IX, et employé activement par la reine, Catherine de Médicis, au milieu de toutes les difficultés nées des guerres civiles que les questions religieuses nourrissaient alors. Enfin il goûtait depuis longtemps dans son diocèse les douceurs du repos, lorsque la république de Venise, qui allait tomber sous la domination des Turcs, pria le roi de France d'envoyer à Constantinople l'évêque de Dax, dont toute l'Europe appréciait le mérite et l'expérience. Il s'y rendit, parvint à rétablir la paix, contribua puissamment à fonder les rapports de la France avec la Porte qu'avaient commencés François 1er, et qui firent longtemps la force de la politique française dans le Nord, à établir l'influence française et les avantages de notre commerce dans le Levant, et après avoir en outre, par son adresse et son habileté, obtenu, en passant, la neutralité du czar de Russie au sujet de l'élection du duc d'Anjou au trône de Pologne, et fait avec lui un traité avantageux, il quitta Constantinople, et vint terminer à Bayonne, en 1585, une vie si pleine et si utile, avec la réputation d'un homme d'état consommé et du plus profond politique de son siècle.

GILLES DE NOAILLES, frère d'Antoine et de François, fut abbé de l'Isle et de Saint-Amant, conseiller au parlement de Bordeaux, maître des requêtes, conseiller-d'état, et, après la mort de son frère, évêque de Dax ; il fut aussi ambassadeur en Angleterre, en Écosse, à Constantinople, et deux fois en Pologne, où il prépara et assura le trône au duc d'Anjou, depuis Henri III. Il mourut en 1600.

Tels ont été ces trois frères extraordinaires. Par leur mérite rare et leur haute capacité, ils se sont trouvés mêlés aux affaires les plus importantes de leur siècle ; et tous trois ont laissé, surtout François, un des hommes les plus éminents de notre pays, une réputation européenne. L'abbé Vertot a publié, en 1663, trois volumes intitulés : *Ambassades de Noailles*, qui, en racontant en abrégé les missions d'Antoine et de François en Angleterre, et en citant plusieurs pièces importantes, montrent la part qu'eut cette famille dans la politique de cette époque, et jettent une grande lumière sur cette période de notre histoire. Les missions de Gilles de Noailles et celle de François à Constantinople, ont été écrites par le même abbé Vertot, mais n'ont pas été imprimées ; les volumes en sont encore à la Bibliothèque royale.

L'éclat dont ces trois frères avaient doté leur grand nom se maintint sous Henri III, Henri IV et Louis XIII. Aussi voyons-nous HENRI DE NOAILLES, comte d'Ayen, baron de Chambres, de Montclar, etc., fils d'Antoine de Noailles, joindre à ses faveurs nombreuses, telles que la charge de gentilhomme de la chambre du roi, celle de conseiller-d'état et de lieutenant-général en Auvergne et l'ordre du Saint-Esprit en 1604, le droit de faire ériger en comté sa seigneurie d'Ayen ; il fut attaché principalement à la cause d'Henri IV, durant les luttes qui déchirèrent alors la France. Comme récompense de ses grands et loyaux services et de ceux de ses ancêtres, son fils aîné, François comte d'Ayen, baron de Chambres, de Montclar, de Brives en partie, fut aussi lieutenant-général d'Auvergne, puis gouverneur du Rouergue, conseiller-d'état, chevalier des ordres du Roi en 1633, et ambassadeur à Rome en 1634. François de Noailles, comte d'Ayen, se distingua également, et durant les guerres où, sous le gouvernement de Richelieu, la France commença à prendre son rang en Europe, et à saper par sa base la puissance de la maison d'Autriche, guerres où le comte d'Ayen commanda avec distinction plusieurs corps d'armées, et dans la carrière de la diplomatie, si active alors, où il seconda par ses habiles négociations, à Rome, auprès du pape, la politique du cardinal, qui fut en définitive et plus tard si favorable à la France. A toutes ses qualités, il joignait un esprit très-éclairé et un caractère libéral, rares à cette époque, qui lui firent prendre hautement à Rome la défense de Galilée, qui, en reconnaissance, lui dédia un de ses ouvrages, et, ce qui est plus étonnant encore, celle de Campanella, condamné à mort, à qui il sauva la vie en lui donnant asile dans l'hôtel de l'ambassade. Louis XIII récompensa ses services par les gouvernements d'Auvergne et celui de Perpignan et du Roussillon, quand cette province fut conquise. François de Noailles avait laissé plusieurs enfants, dont le plus jeune, nommé Anne de Noailles, lui survécut. Il entra de bonne heure au service, et succéda, après la mort de son père, dans les commandements dont celui-ci avait été pourvu par Louis XIII. Il se signala dans les guerres de la minorité de Louis XIV, fut nommé lieutenant-général des armées du Roi, pourvu de la charge de 1er capitaine des gardes-du-corps, qui resta la propriété de sa famille jusqu'à la révolution. Louis XIV ayant pris lui-même les rênes de l'État, récompensa le mérite d'Anne de Noailles et les longs services de sa maison, en érigeant le comté d'Ayen en duché-pairie, sous le nom de duché de Noailles ; ce fut en 1663.

Nous n'avons cité jusqu'à présent, et nous ne pouvions citer, dans cette courte notice, que les hommes les plus marquants et en général les aînés de cette noble famille, sans faire mention de plusieurs prélats vertueux, tels que l'évêque de St-Flour, un des fils d'Henri, qui fonda le couvent des Récolets à Brives ; Jean et Hugues, archiprêtres et protonotaires du St-Siége, chargés de diverses missions politiques ; Guillaume, qui eut la garde du Conclave pour l'élection de Benoît XII ; Charles, un des frères d'Henri, mort sur le champ de bataille de Rocroy ; et l'autre, Charles, baron de Noailles, tué au siége de Maestricht.

Mais c'est surtout sous le règne de Louis XIV que la Maison de Noailles parvint au faîte de la grandeur. Son éclat s'unit à celui de la monarchie.

Trois hommes du nom de Noailles trouvèrent, sous ce beau gouvernement de Louis XIV, l'occasion de s'immortaliser ; ce furent : le maréchal de Noailles (Anne-Jules), qui fut vice-roi de Catalogne ; le maréchal de Noailles, son fils (Adrien-Maurice), et le cardinal de Noailles (Louis-Antoine), qui fut archevêque de Paris.

Anne-Jules, fils du duc Anne de Noailles, s'était signalé de bonne heure dans la carrière des armes. A l'âge de 17 ans, il comptait déjà trois campagnes, accompagnait Louis XIV à la guerre de Flandre, et un an plus tard, il commandait les quatre compagnies des gardes-du-corps à la conquête de la Franche-Comté. Aide-de-camp du roi dans la guerre de Hollande, en 1672, il se signala par son courage et par sa présence d'esprit, car, au siége de Valenciennes, il sauva la vie du Roi, en lui faisant quitter un poste qui fut un instant après sillonné par un boulet. Après la mort de son père, en 1677, il devint duc de Noailles et pair de France, et, en 1678, reçut le gouvernement du Roussillon et de Perpignan. Lieutenant-général, en 1682, il reçut le commandement du Languedoc, dont M. le duc du Maine, jeune alors, était gouverneur, et fut chargé de comprimer la révolte qui y éclata à cette époque de la part des religionnaires, et d'y faire exécuter peu après, en 1685, l'acte de révocation de l'édit de Nantes. Cet acte, dont les conséquences furent malheureuses, mais auquel toute la France applaudit alors, plaça le duc de Noailles dans une position difficile ; il sut joindre la modération à la fermeté dans l'exécution des ordres rigoureux qui lui étaient donnés. Quelque sévères que fussent les instructions qu'il recevait du ministre Louvois, de concert avec le vertueux d'Aguesseau, père du chancelier du même nom, qui était intendant de la province, il sut souvent tempérer la rigueur de ces ordres, ce qui lui valut l'estime et la considération des catholiques et des protestants. On en voit les preuves dans les mémoires de Noailles, ainsi que des détails curieux qui servent à faire apprécier justement cet évènement, souvent défiguré par l'esprit de parti des historiens. Après six ans passés en Languedoc, le duc de Noailles revint à Paris, où il reçut le cordon bleu, et la permission de lever un régiment de cavalerie (dragons), qui porta le nom de Noailles.

Lors de la guerre de 1688, il reçut le commandement en chef d'une armée, chargée d'entrer en Catalogne et en Roussillon. Quoique cette armée fût faible, il se signala par plusieurs expéditions heureuses : il s'empara de Campredon, de la seu d'Urgel, des châteaux de Belves et de Valence, de Roses, de Palamos, d'Ostelric, de Castelfolit, et enfin de Gironne, place très-forte, qui avait été assiégée vingt-deux fois sans avoir jamais été prise. Cette dernière conquête et le gain de la bataille du Ter, le rendirent maître de toute la Catalogne, dont il fut nommé vice-roi. Il avait reçu le bâton de maréchal en 1693. Une maladie, dont il ne se remit jamais, le força à quitter l'Espagne. Il y reparut néanmoins à l'occasion de l'avénement du duc d'Anjou, qu'il fut chargé de conduire à Madrid, conjointement avec le duc de Beauvilliers, gouverneur du prince. Il mourut le 2 octobre 1708. Louis XIV en apprit lui-même la nouvelle à son fils, le comte d'Ayen, qui était malade à l'armée de Catalogne, en lui écrivant de sa main la lettre suivante :

« La perte que vous venez de faire, du maréchal de Noailles, » votre père, ne contribuera pas à vous rétablir. Vous savez » l'amitié que j'ai toujours eue pour toute sa famille. Vous ne » devez point douter de celle que j'ai pour vous ; et je vous en » renouvelle l'assurance dans cette occasion ; je souhaite qu'elle » puisse servir à votre consolation. »

ADRIEN-MAURICE, comte d'Ayen, né en 1678, fils aîné du maréchal de Noailles, fit ses premières armes sous son père, à l'armée de Catalogne, où il commanda, en 1694, le régiment de Noailles, et ensuite en Flandre, sous les ordres du maréchal de Boufflers. En 1698, il épousa mademoiselle d'Aubigné, nièce de madame de Maintenon ; et, en 1700, il accompagna Philippe V, à Madrid, lorsque ce prince y alla prendre possession du trône d'Espagne. Elevé au grade de maréchal-de-camp, en 1704, après avoir servi au siége du vieux Brisach, sous le duc de Bourgogne, il fut désigné, à la fin de 1705, pour l'armée d'Espagne, et y commença, en 1706, la carrière du commandement, en l'absence du lieutenant-général, le comte de Laval. Depuis quatre ans, la guerre de la succession était commencée, et les affaires de Philippe V devenaient de jour en jour plus mauvaises. Ses ennemis occupant la plus grande partie de son royaume, après l'obligation où le maréchal d'Estrée se vit de lever le siége de

Barcelonne, ce prince se voyait fermés tous les chemins pour retourner à Madrid, et il fut obligé de sortir de son royaume, de faire le tour des Pyrénées, et de prendre la route de Pampelune. Le duc de Noailles, car il portait dès-lors ce titre dont son père s'était démis en sa faveur, pour ne s'appeler que le maréchal de Noailles, l'accompagna presque seul dans cette expédition périlleuse, et l'ayant remis sain et sauf dans sa capitale, revint dans le Roussillon, où le Roi, l'ayant nommé lieutenant-général, lui confia le commandement de neuf bataillons et de dix escadrons. Mais privé des moyens d'agir, parce que les nécessités de la guerre ailleurs, et les désastres qui commencèrent à affliger nos armes en Flandre et en Italie , forcèrent à diminuer ses troupes , il dut se borner, jusqu'en 1710, à quelques expéditions difficiles et glorieuses, quoique sans résultat important. Il eut toutefois une occasion remarquable de signaler sa résolution et son activité. Ayant appris qu'une flotte anglaise de 24 vaisseaux avait opéré une descente en Languedoc, sans attendre les ordres de la cour, il part immédiatement avec sa cavalerie, fait quarante lieues en trente heures, et force les Anglais à se rembarquer, après leur avoir enlevé la ville d'Agde et le fort de Cette, dont ils s'étaient emparés.

Louis XIV, effrayé des revers auxquels la France n'était pas habituée, et qu'elle venait d'essuyer de nouveau, à Hocstedt et à Malplaquet, souhaitait vivement de rendre la paix à son peuple, que cette succession de la maison de France au trône d'Espagne avait entrainé dans une guerre contre toute l'Europe qui l'épuisait. Ce désir de la paix avait fait faiblir un instant sa politique et lui avait fait songer à proposer en secret à Philippe V de renoncer à sa couronne d'Espagne, et de se contenter d'une royauté moindre en Sicile, en Sardaigne, et peut-être à Naples, plutôt que de poursuivre une guerre dont le résultat pouvait finir par être funeste aux deux nations.

Le duc de Noailles fut chargé de cette pénible négociation auprès du jeune souverain espagnol, comme étant plus propre qu'un autre à adoucir l'amertume de pareilles paroles, par l'amitié d'enfance que ce prince avait pour lui. Il alla le trouver à Villadolid, car Madrid était occupé par l'archiduc d'Autriche, n'omit rien de ce que ses instructions très-détaillées lui ordonnaient de dire; mais trouvant Philippe V dans la résolution inébranlable de périr, plutôt que d'abandonner sa couronne et ses sujets, il ne put qu'applaudir, en le quittant, à sa fermeté et à sa grandeur d'âme. Philippe V le renvoya à Louis XIV, pour lui rendre compte de tous ses motifs : « De quelque importance, » que sa présence soit pour vous et pour moi en Catalogne, » écrit le jeune monarque à son grand-père, je ne saurais assez » vous représenter combien il est important qu'il ait l'honneur » de vous exposer lui-même toutes choses au naturel, d'autant » que je lui ai confié pour vous une chose trop importante, pour » être mise sur le papier, et qui ne peut se communiquer qu'à un » homme comme lui ; vous en connaîtrez toute la conséquence, » par ce que le duc de Noailles aura l'honneur de vous en dire. »

Le duc de Noailles avait toujours pensé qu'on ne pouvait devoir qu'aux armes une paix qui ne fût pas honteuse, et opiné pour une guerre offensive en Catalogne, où il y avait des chances de succès, et Louis XIV, ayant approuvé la résolution de son petit-fils, le duc de Noailles obtint enfin la permission, qu'il demandait depuis longtemps, d'assiéger Gironne. La prise de cette ville, qui eut lieu en plein hiver, le 25 janvier 1711, et qui était une expédition très-glorieuse, remplit de joie Louis XIV, qui, outre la dépêche par laquelle il félicitait son général, lui écrivit de sa main la lettre suivante : « La prise de Gironne m'a fait un grand plaisir, et surtout après les difficultés et les contre-temps que vous avez surmontés. Je n'en suis point surpris, vous connaissant comme je fais avec les qualités propres à réussir à ce que vous entreprendrez. Je sens ce que vous avez fait pour le bien de l'État, mais surtout par l'amitié que j'ai pour vous. »

La prise de Gironne par le duc de Noailles, la bataille de villa Viciosa gagnée par Vendôme, et la victoire de Denain remportée par Villars, furent les trois grands faits d'armes qui rendirent l'honneur aux armes françaises, affermirent Philippe V sur le trône d'Espagne, et relevèrent les affaires de la France, au moment où elles paraissaient le plus désespérées. Philippe V avait donné l'ordre de la Toison-d'or, en 1702, au duc de Noailles, à son retour de Madrid. Après la prise de Gironne, il lui conféra la grandesse, que Louis XIV lui permit de recevoir, par exception et *pour un si grand service rendu aux deux couronnes*, car il ne voulait plus qu'on conférât cette dignité aux seigneurs français. En 1713, le traité d'Utrecht mit fin, comme on le sait, à cette longue guerre, laissa à la France ses anciennes conquêtes, et à Philippe V la royauté de l'Espagne et des Indes.

Après la mort de Louis XIV, lors de la formation des différents conseils pour l'administration de l'État, le duc de Noailles fut nommé président du conseil des finances, et ensuite membre du conseil régence. L'administration des finances était un difficile emploi à une époque où les guerres, les dépenses et surtout les malheurs de la fin du précédent règne avaient ruiné le trésor. Le déficit était de 77 millions pour les dépenses courantes avec beaucoup de dettes exigibles, et les fonds de près de deux ans consommés d'avance. Dans cette situation déplorable et dans une carrière nouvelle pour lui, le duc de Noailles montra la capacité d'un grand administrateur. Sans pouvoir entrer ici dans les détails de toutes les opérations, telles que réduction de divers intérêts, révision des comptes et des pensions, chambre de justice contre les traitants, auxquelles suffit son immense travail et son activité ordinaire, il parvint à rétablir l'état des finances et à développer même les vues les plus avancées sur les règles du commerce, la levée et l'égale répartition des impôts, l'établissement des banques et du crédit, dans un grand mémoire qu'il soumit au conseil de régence, vues qui auraient produit les plus heureux résultats, si, en 1718, le duc de Noailles ne fut sorti du ministère en même temps que le chancelier d'Aguesseau, et si les plans du financier Law, auxquels il s'était opposé, n'eussent été adoptés alors au grand dommage des affaires. La guerre que la France soutint en faveur de Stanislas, roi de Pologne, rendit le duc de Noailles à sa première carrière. Il servit d'abord en Allemagne, sous les ordres du maréchal de Berwick, qui fut tué en 1734, et cette année même, créé maréchal de France, après avoir fait capituler Philisbourg et pris les lignes d'Eslingues et la place de Wormser. Il fut ensuite envoyé en Italie, pour en chasser les Autrichiens, qui n'osèrent pas risquer une seule fois la bataille. Le 3 juin 1724, il avait été reçu chevalier des ordres, et était devenu, comme son aïeul et son père, gouverneur du Roussillon, du Conflens et de la Cerdagne, ainsi que du château de St-Germain. Dans la guerre de la succession d'Autriche, le maréchal de Noailles eut le commandement de l'armée d'Allemagne. Il avait pris les plus heureuses dispositions, pour s'assurer le succès de la bataille de Dettingen, où la victoire l'aurait placé au rang des plus illustres capitaines, en réparant pour nous les désastres de Crécy et d'Azincourt, car toute l'armée anglaise eût été infailliblement prise, et le prince de Galles, qui était présent, fait prisonnier. La désobéissance du comte de Gramont, son neveu, qui quitta son poste pour attaquer, contre les ordres du maréchal, ouvrit la retraite aux Anglais, qui se retirèrent en bon ordre. Le champ de bataille nous resta, mais sans aucun succès marquant. C'est à cette occasion que le grand Frédéric, dont le suffrage peut compter, écrivait au maréchal : « Je ne puis m'en- » pêcher de vous dire, monsieur, combien j'ai applaudi à la saga- » cité du plan que vous avez conçu à Dettingen ; je puis vous » assurer que j'ai ressenti la douleur la plus amère, en voyant que » le succès n'a point été tel qu'on devait naturellement se le pro- » mettre. »

C'est quelque temps après, que, dans l'état critique où se trouva la France, le duc de Noailles entama personnellement une négociation, et eut le bonheur de conclure un traité avec ce même Frédéric, roi de Prusse, qu'il fit entrer dans la ligue formée pour soutenir la cause de l'électeur de Bavière contre Marie-Thérèse ; car, pendant quelque temps, le maréchal de Noailles se trouva chargé à la fois du commandement mili- taire et de la conduite des affaires étrangères. Dès lors il poussa avec vigueur les opérations militaires, et s'empara, sous les ordres du Roi, qui vint à l'armée, de Menin, d'Ypres, de Fur- nes, et pendant que Louis XV fut dangereusement malade à Metz, il força le prince Charles de Lorraine, qui se disposait à pénétrer dans le royaume, à repasser le Rhin.

Lorsqu'en 1745, après la mort de l'électeur de Bavière, on continua la guerre, malgré l'avis du maréchal, il aida de ses conseils le maréchal de Saxe, qui avait servi sous lui pendant plusieurs années et l'appelait toujours son maître, et il contribua puissamment au gain de la bataille de Fontenoy, où il voulut ser- vir de 1er aide-de-camp à ce maréchal, qui lui écrivit : « C'est à » vous que les succès sont dus, n'ayant fait que suivre vos con- » seils. » Quoique d'un âge déjà fort avancé, il fut envoyé ambassadeur à Madrid, pour arranger un différent important survenu entre l'Espagne et la France. De retour à Paris, le duc continua à prendre une part trés-importante aux affaires générales ; ce ne fut qu'en mars 1756, qu'affaibli par les années et les fatigues d'une longue carrière, il résigna ses fonctions de ministre, et mourut quelque temps après, en 1756, àgé de 88 ans.

Il y a peu d'hommes dont la vie ait été autant remplie, car on peut dire qu'il y avait trois hommes en lui : le capitaine, le diplomate, le ministre. Homme de guerre et homme d'état à la fois, il eut la plus grande part à toutes les affaires de son temps; mais il y porta un caractère particulier, celui d'un excellent citoyen, occupé avant tout du bien et de l'intérêt public, assez généreux, pour faire passer le commandement à l'illustre Saxon dont il avait reconnu le génie, et qu'il continua à aider de ses conseils en ami en lui laissant toute la gloire du succès, assez désintéressé, pour refuser le poste de 1er ministre, que lui offrit Louis XV, à la mort du cardinal de Fleury, en conseillant au prince, par d'excellentes raisons, de ne point avoir de 1er ministre, conseil qui convenait peu peut-être à l'insouciance et à l'inapplication de Louis XV. Celui-ci se décida en effet à gouverner par lui-même et se contenta de faire entrer le maréchal de Noailles dans son conseil avec le titre de ministre d'état. Pendant cinq ans, le maréchal avait correspondu en particulier avec son souverain, dont il était sans cesse rapproché d'ailleurs par sa charge de capitaine des gardes, sur tous les objets du gouvernement et de l'administration, pour éclairer son esprit et lui donner une connaissance exacte des affaires.

Louis Antoine de Noailles, cardinal, archevêque de Paris, duc de St-Cloud et pair de France, fils du maréchal Anne-Jules et oncle d'Adrien-Maurice, fut le 3e membre de la famille qui illustra le nom de Noailles dans le xviie siècle, comme les trois frères de

la même famille, Antoine, François et Gilles, l'avaient illustré
dans le XVIᵉ. Pourvu dès sa jeunesse de la Domerie d'Aubriac,
reçu en 1676 docteur de sorbonne, nommé à l'évêché de Cahors
en 1679 et en 1680 à l'évêché de Châlons, il occupa une place
importante à côté de Bossuet et de Fénélon dans toutes les grandes questions religieuses du XVIIᵉ siècle, celle de la régale, celle de
l'assemblée de 1682, celle du quiétissime où il fut longtemps mé-
diateur entre les deux grands évêques dont la dispute tint toute
la catholicité attentive, celle enfin du jansénisme qui se renou-
vela à la fin du règne, et soumit ce cardinal aux plus pénibles
épreuves. Il avait été nommé, en 1695, à l'archevêché de Paris
et promu au cardinalat en 1700. Homme d'une éminente vertu,
de la plus grande piété et de beaucoup de science, sa modération, sa douceur, son application à ses devoirs de pasteur, lui
avaient acquis, avec l'amitié de madame de Maintenon,
une véritable faveur auprès du Roi; mais il n'hésita pas à exposer cette faveur pour rester fidèle aux devoirs que lui impos-
saient sa conscience. Plutôt Gallican que Janséniste, quoiqu'il
fût un peu accusé de l'être, il défendit les libertés de l'église
de France et le véritable droit des évêques, en refusant d'accepter la bulle *unigenitus* dans les termes où elle était conçue,
et donna un exemple de fermeté unique dans ce siècle, celui de
résister à la fois au pape et à Louis XIV, sans que rien ait pu
vaincre cette fermeté, ni la perte de sa faveur, ni la crainte de la
disgrâce de toute sa famille, ni l'amitié de madame de
Maintenon, ni le danger d'être déposé de son siége, ce dont il
fut menacé, et qui aurait peut-être eu lieu sans la mort du Roi.

Le cardinal de Noailles est un des plus beaux caractères du
clergé de France et un des hommes les plus éminents de sa famille. Après la mort de Louis XIV, il fut nommé chef du conseil
de conscience sous la régence, et eut le mérite de fonder, dans

son diocèse, un clergé exemplaire qui s'est perpétué depuis et a fait l'édification de l'Église. Sa charité était sans bornes ; dans la désastreuse année de 1709, on le vit, après avoir épuisé ses ressources, faire fondre son argenterie pour venir au secours des pauvres. Il légua toute sa fortune aux hopitaux, et fit restaurer à ses frais l'église de Notre-Dame, ainsi que le palais de l'archevêché, où il dépensa 240, 000 livres. Il mourut le 4 mai 1729, en laissant un renom de bienfaisance et de sainteté que lui avaient mérité ses vertus. Son frère, Louis de Noailles, fut également évêque de Châlons.

La maison de Noailles était ainsi arrivée, sous le règne de Louis XIV, à un degré de faveur qu'elle conserva sous les deux règnes suivants, et qui faisait l'envie de tous les courtisans, mais qu'on ne peut nier du moins avoir été justifiée par de nombreux et de grands services. Ainsi, sous ce même règne de Louis XIV, nous pouvons à peine mentionner Emmanuel-Jules, comte de Noailles, lieutenant-général de Guyenne, qui mourut des suites de ses blessures, ainsi que son frère, Jules-Adrien-Jacques, bailli de Noailies, lieutenant-général des galères de France, et ensuite ambassadeur de l'ordre de Malte, Jean-Emmanuel marquis de Noailles, lieutenant-général de la Guyenne après la mort de son frère, tous enfants du maréchal Anne-Jules et de Marie de Bournonville, fille du maréchal duc de Bournonville, gouverneur de Paris. Cette famille vivait dans l'intimité de la famille royale, et les nombreuses lettres des rois, des reines, de tous les princes et de toutes les princesses, conservées dans ses archives, en partie aujourd'hui transférées à la bibliothèque du Roi, attestent les rapports d'amitié et de familiarité dont elle était honorée par la maison de Bourbon. Auss les plus belles alliances l'unissaient-elles aux plus grandes familles de France, à celles de Gramont, d'Estrée, d'Arenberg, de Lorraine, de Villars, de Caumont, de Richelieu, etc., et même de la maison d'Orléans, par le mariage de Marie-Victoire-Sophie de Noailles, fille du maréchal Anne-Jules, qui épousa, en 1723, monseigneur le comte de Toulouse, fils légitimé de Louis XIV, d'où naquit le duc de Pinthièvre, père de madame la duchesse d'Orléans, qui a vécu de nos jours, et qui fut la mère de Louis-Philippe.

La grande existence de la maison de Noailles se perpétua dans le xviiie siècle. Les deux fils du maréchal Adrien Maurice, furent tous deux aussi maréchaux de France.

Louis de Noailles, l'aîné, né en 1713, duc d'Ayen du vivant de son père, ayant eu pour parrain Louis XIV, et pour marraine la duchesse d'Orléans, fut mestre-de-camp au régiment de Noailles en 1730, maréchal-de-camp en 1743, lieutenant-général en 1748, et maréchal de France en 1775. Ayant fait la plupart des guerres qui eurent lieu sous Louis XV, et ayant hérité de tous les gouvernements et de toutes les charges de son père. Le 2e Philippe de Noailles, d'abord marquis, et ensuite duc et maréchal de Mouchy, né en 1715, entré jeune au service, ayant fait avec distinction, tant sous son père que sous les maréchaux de Saxe et de Richelieu, toutes les campagnes de 1733 à 1739, colonel en 1734 au régiment de son nom, maréchal-de-camp à la bataille de Fontenoy, où, à la tête d'une brigade de cavalerie, il enfonça la colonne de l'infanterie anglaise, cité pour sa conduite brillante au siége de Philisbourg sous les ordres de son père, aux siéges d'Oudenarde, d'Ath, de Berg-op-Zoom, aux batailles de Rocoux et de Lawfeld, et à la retraite d'Hilkersperg, où le duc d'Harcourt manda à la cour que c'était à lui qu'il devait le salut de son armée, ayant ainsi conquis à la pointe de son épée son grade de lieutenant-général en 1748, il fut fait maréchal de France en 1775, le même jour que son frere.

Le maréchal Louis de Noailles avait la réputation d'un homme de beaucoup d'esprit; la réputation qu'a eue sous ce rapport M. de Talleyrand de nos jours, il l'avait de son temps, et à la cour on conservait la tradition d'une foule de mots piquants qu'il avait dits. Il était auprès de Louis XV sur le pied de favori, mais il ennoblissait sa faveur par beaucoup d'indépendance, car il eut toujours son franc-parler, même auprès du Roi, et se servit souvent de son esprit pour donner au monarque des conseils et des avertissements sous le voile de l'épigramme. Ainsi un jour, Louis XV, qui rougissait parfois de ses rapports avec madame Dubarry, dit au maréchal, dans un moment d'abandon : je sais bien que je succède à Sainte-Foix. C'est vrai, Sire, répondit le duc, comme Votre Majesté succède à Pharamond. Une autre fois le Roi, qui ne cherchait pas toujours ses plaisirs au milieu des personnes de sa cour, lui demanda le nom de quelques personnes qui s'y présentaient : je l'ignore, Sire, répondit le maréchal, c'est de votre société, ce n'est pas de la mienne ; et un autre jour encore, dans une conversation, où Louis XV défendit les traitants et les fermiers généraux, en disant qu'ils soutenaient l'État ; oui, dit le maréchal, comme la corde soutient le pendu. C'était presque chaque jour quelque saillie nouvelle de sa part, qu'on répétait partout. Le maréchal de Mouchy, son frère cadet, aimait davantage la retraite et l'étude. Il avait été employé à plusieurs missions diplomatiques. Il avait accompagné son père, le maréchal Adrien Maurice, dans son ambassade d'Espagne, en 1746, et y avait rendu des services utiles ; il fut envoyé lui-même, en 1755, ambassadeur extraordinaire auprès du roi de Sardaigne et du duc de Parme. Il fut de plus gouverneur de Guyenne, où il tenait un grand état à Bordeaux. Dès sa jeunesse il avait été nommé gouverneur du palais de Versailles, mais à soixante et dix ans, âge qu'il s'était fixé à lui-même, en philosophe chrétien, pour songer aux graves pensées qui doivent occuper la vieillesse, il se démit de toutes ses dignités, et voulut se retirer du monde. Il avait épousé la dernière héritière de la maison d'Arpajon. Le maréchal, son frère, avait épousé la fille du duc de Cossé-Brissac : ainsi les deux fils du duc Adrien-Maurice de Noailles, les chefs des deux branches actuelles de cette maison, ont également porté la couronne ducale et le bâton de maréchal ; tous deux ont été chevaliers des ordres, chevaliers de la Toison-d'Or ; tous deux ont possédé en même temps le gouvernement d'une grande province et celui d'un château royal. Enfin l'un était pair de France, l'autre grand d'Espagne, et toute cette longue postérité vint aboutir à l'échafaud révolutionnaire, où montèrent le même jour le maréchal et la maréchale de Mouchy, la maréchale de Noailles leur belle-sœur, la vicomtesse de Noailles sa petite fille et sa belle-fille la duchesse d'Ayen. Le maréchal de Noailles venait heureusement de mourir, à St-Germain, il avait laissé, par son testament, 56,000 francs aux pauvres de la ville.

C'est au sujet de la maréchale de Noailles qu'a été dit ce mot atroce de Danton, où se peint toute l'horreur de ce temps. Cette vieille et respectable dame étant accusée devant le tribunal révolutionnaire, d'avoir conspiré contre la république, comme on voulait l'en défendre sur ce qu'elle était sourde : écrivez, dit Danton, qu'elle a conspiré sourdement.

Le maréchal de Noailles, chef de la branche aînée actuelle, avait eu deux fils : l'aîné, PAUL-FRANÇOIS, DUC D'AYEN du vivant de son père, après sa mort, DUC DE NOAILLES et pair de France, lieutenant-général, gouverneur du Roussillon, capitaine de la 1re compagnie des gardes-du-corps et chevalier de la Toison-d'Or, avait servi avec distinction dans les quatre dernières campagnes de la guerre de sept ans. Il fut remarquable par l'agrément de son esprit et la variété de ses connaissances ; il fut membre de l'Académie des Sciences, et on lui doit la carte d'Allemagne, connue sous le nom de *Chancharel*, dont les Allemands font le plus grand cas. Après être resté jusqu'au dernier moment auprès du roi Louis XVI, à la journée du 10 août, il se retira en Suisse, où il finit sa vie à un âge très-avancé, supportant avec une grande sérénité d'esprit et un désintéressement vraiment philosophique, la perte de ses grandeurs passées. Le second, EMMANUEL-MARIE-LOUIS, marquis de Noailles, gentilhomme de la chambre de Monsieur, depuis Louis XVIII, maréchal-de-camp, chevalier de St-Louis, et commandeur de l'ordre de St-Lazare, consacra spécialement sa vie à la carrière diplomatique. Dès l'âge de 22 ans, il fut envoyé par le Roi en qualité de ministre à Hambourg, puis successivement ambassadeur en Hollande, en Angleterre, où il fut chargé de déclarer la guerre à l'occasion de la déclaration de l'indépendance des États-Unis, et en Autriche, où il resta jusqu'à la révolution française. Mandé à la barre de l'assemblée nationale, pour se justifier d'avoir donné secours et appui aux émigrés et au parti du Roi, il fut jeté en prison, et n'en sortit qu'après la mort de Robespierre. Ayant recueilli une partie des débris de la fortune de son père, le marquis de Noailles se retira à Maintenon, où il acheva ses jours, occupé à faire du bien à tout ce qui l'entourait.

Le duc de Noailles, son frère aîné, n'avait eu que des filles, parmi lesquelles madame de Lafayette, célèbre par le nom de son mari, et par les preuves de dévouement qu'elle lui donna dans les prisons d'Olmutz, ce qui ne l'empêcha pas de périr sur l'échafaud révolutionnaire. Le duché et le droit à la pairie passèrent, en conséquence, au petit-fils du marquis de Noailles, PAUL DUC DE NOAILLES actuel, siégeant aujourd'hui à la chambre des Pairs, son père, JULES DE NOAILLES, ayant vécu dans la retraite, sans vouloir prendre part aux affaires publiques.

Le maréchal de Mouchy, chef de la branche cadette actuelle, avait eu de son côté deux fils, et une fille qui fut duchesse de Duras. L'aîné de ses fils fut LOUIS-PHILIPPE-MARIE-ANTOINE DE NOAILLES, PRINCE DE POIX, qui épousa la fille du maréchal de Beauvau, fut colonel au régiment de Noailles avant la révolution, grand d'Espagne, chevalier de la Toison-d'Or, capitaine des gardes de Louis XVI, par l'héritage de la compagnie des gardes du maréchal de Beauvau, son beau-père, maréchal-de-camp en 1788, envoyé à l'assemblée des états-généraux par la noblesse du baillage d'Amiens, n'ayant aussi quitté le Roi qu'au dernier moment, à la journée du 10 août, ayant vu sa tête mise à prix sous la terreur, et après la restauration s'étant retrouvé capitaine de la compagnie des gardes-du-corps auprès de Louis XVIII, et vu élevé à la dignité de pair de France, en 1814; il mourut en 1819; il laissa deux fils, CHARLES DE NOAILLES, DUC DE MOUCHY, qui fut, après la mort de son père, pair de France, lieutenant-général, capitaine des gardes de Louis XVIII et de Charles X, chevalier des Ordres et de la Toison-d'Or, mort en 1834, et JUST DE NOAILLES, aujourd'hui DUC DE POIX, grand d'Espagne, chevalier des Ordres du Roi, qui a été, pendant quelque temps, député de Nancy et ambassadeur en Russie.

Le 2ᵉ fils du maréchal de Mouchy, fut le VICOMTE DE NOAILLES, dont le nom glorieux mérite une mention particulière; destiné dès sa jeunesse à la carrière des armes, il prouva qu'il n'avait pas dégénéré de ses ancêtres, il acquit bientôt une grande supériorité dans la science militaire; il en avait la passion, il s'en occupait avec suite, et serait devenu un des généraux illustres de notre temps, si les événements politiques d'abord et la mort bientôt après, n'eussent arrêté sa carrière. Il fut un des officiers qui se couvrirent de gloire en combattant avec La-

fayette, comme auxiliaire de la cause américaine, sous les yeux
de Washington. Il avait une âme fortement trempée, un caractère hardi, une imagination vive, un esprit entreprenant. Lorsque la révolution française se présenta devant cette nature en-
thousiaste, séduit par ses côtés généreux, le vicomte de Noailles
en adopta aussitôt les principes. Député de la noblesse du baillage de Nemours aux États-Généraux, ce fut lui qui, dans la nuit
orageuse du 4 août, donna, de concert avec le vicomte Mathieu
de Montmorency, le signal des sacrifices, proposa l'égale répartition des impôts, le rachat des droits féodaux, la suppression
des corvées et des servitudes personnelles, votant souvent avec
les frères Lameth, Barnave, Adrien Duport et autres. Quelques
paroles trop dures, échangées entre Barnave et lui, amenèrent
un duel. Barnave ayant tiré le premier et manqué son adversaire, celui-ci tira en l'air, et la réconciliation ensuite fut facile.
Il fut président de l'assemblée nationale en 1791, prononça
plusieurs discours remarquables, mais sa carrière législative
devait s'arrêter là. Envoyé à Colmar avec son régiment
pour comprimer une sédition, chargé de commander à Sédan, en qualité de maréchal-de-camp, et placé en 1792 à la
tête des avant-postes de Valenciennes, l'insubordination des
troupes, autant que les erreurs et les excès du parti révolutionnaire, l'éclairèrent sur ses propres illusions ; il aperçut les
conséquences inévitables de cette révolution, qu'on n'avait pas
su contenir dans les limites d'une réforme politique et modérée,
et il se rendit en Angleterre, d'où il passa en Amérique. Là, par
l'activité de son esprit, il se livra à de grandes opérations commerciales qui réussirent, et il commençait déjà à réaliser une
fortune assez considérable, lorsque ses affaires l'appelèrent à St-
Domingue. Dès ce moment, la colonie venait d'être assaillie par
les Anglais, le vicomte de Noailles et rappela alors qu'il portait

une épée, que ses ancêtres avaient toujours tenue prête au service de la France. Tout émigré qu'il est, il court se mettre, comme volontaire, à la disposition du général Rochambeau, qui lui confie le commandement d'une brigade et la défense du môle St-Nicolas. Lorque la supériorité des forces anglaises firent sentir la nécessité d'abandonner l'île, le vicomte de Noailles offrit au général de sauver une partie de la garnison et de la conduire à la Havane, au travers de la flotte ennemie. Cette proposition hardie ayant été acceptée, le vicomte de Noailles mit à la voile à la faveur d'une nuit obscure, traversa heureusement la flotte Britannique, en répondant en anglais aux questions que les Anglais lui adressaient par porte-voix, comme si son bâtiment eût été un des leurs ; mais, reconnu à la pointe du jour et poursuivi par une corvette d'une force supérieure à la sienne, il forma l'audacieux projet de couronner sa téméraire entreprise, en se rendant maître de cette corvette : il l'attend, l'aborde, s'élance à la tête de trente grenadiers sur le navire anglais, s'en rend maître après un combat opiniâtre, et entre dans le port de la Havane, traînant à la remorque sa conquête. Mais il ne devait pas survivre à son triomphe, blessé à mort dans le combat, il expira quelques jours après, le 9 janvier 1804. Ses soldats, pleins d'enthousiasme pour lui, le portèrent en triomphe, et demandèrent que son cœur, enfermé dans une boîte de fer-blanc, fût attaché à leur drapeau. Notre Gudin a fait, de cette action héroïque, un de ses plus beaux tableaux de marine.

Nous ne devons pas passer sous silence les deux fils qu'eut le vicomte de Noailles, dignes en tout de leur père. ALFRED DE NOAILLES, le plus jeune, qui, entraîné, comme son père, par un bouillant courage, et animé par le bruit des armées françaises, au moment où la campagne d'Austerlitz s'ouvrait, s'échappa d'Aschoffenbourg, en 1805, où il était auprès du comte Portalis.

chargé d'affaires près le prince Primat, et arriva au quartier-général, demanda du service, comme volontaire, en quelque rang que ce fût, au prince Neuchatel, qui avait servi lui-même autrefois sous son père, dans la guerre d'Amérique. Nommé aide-de-camp du prince, et au moment d'être fait colonel par l'Empereur, il fut tué dans la retraite de Russie, le jour du passage de la Bérésina, en portant un ordre, malgré les instances du maréchal Mortier qui, voyant le péril inévitable, voulait retarder de quelques instants sa mission.

LE COMTE ALEXIS DE NOAILLES, second fils du vicomte de Noailles, eut une carrière plus longue et plus remplie : né le 1er juin 1783, les sentiments monarchiques et religieux qu'il manifesta sous l'Empire, le firent arrêter à l'occasion, ou sous le prétexte qu'il avait cherché à répandre la bulle d'excommunication, lancée par Pie VII contre Napoléon. Après être resté sept mois en prison, c'est à son jeune frère Alfred qu'il dut la liberté; Napoléon la lui accorda comme récompense, après une mission que lui avait donnée le maréchal Berthier. Mais craignant d'être arrêté de nouveau, Alexis de Noailles quitta la France en 1811, et convaincu que du retour des Bourbons dépendait le repos du monde et l'affranchissement de sa patrie opprimée sous le joug de Napoléon, il se rendit dans différentes cours étrangères, pour tâcher de les disposer à s'unir pour délivrer la France. Il alla d'abord à Vienne, ensuite en Russie, puis en Suède, passa ensuite à Hartwell, porta d'utiles renseignements à Louis XVIII, dont il reçut des instructions, retourna en Suède en 1813, fit les deux campagnes dans les armées étrangères, fut décoré des Ordres de Prusse, de Suède, de Russie, se rendit au commencement de 1814 à Dijon pour y opérer un mouvement en faveur des Bourbons, rejoignit MONSIEUR à Nancy, le précéda à Paris, fut nommé un de ses aides-de-camp, et ensuite commissaire du Roi à Lyon, où il se distingua par son esprit conciliant et sa loyauté courageuse. Il partit peu de temps après comme ambassadeur au congrès de Vienne, avec M. le prince de Talleyrand, et y fut spécialement chargé de l'arrangement des affaires d'Italie ; de là, il se rendit à Gand pendant les Cent-Jours, et fut un de ceux que Napoléon excepta de son amnistie par le décret de Lyon. Revenu avec le Roi, il fut nommé ministre d'État, et élu membre de la chambre des Députés, où il siégea presque constamment jusqu'en 1830. Toujours modéré et indépendant dans ses opinions, malgré sa position à la cour, il fit partie de la minorité de la Chambre de 1815, et appartint constamment pendant tout le temps de la restauration à l'opinion monarchique constitutionnelle qui était désignée, dans la Chambre, sous le nom de centre droit. Élevé comme son frère, Alfred, dans des sentiments très-religieux, par leur tante, la duchesse de Duras, il employa une partie de l'activité de sa vie aux bonnes œuvres ; et un grand nombre d'institutions de charité qu'il administrait ou protégeait, firent cortége à son convoi. Il mourut le 14 mai 1835.

Nous avions raison de dire, en commençant, qu'il était difficile de trouver une famille en France, où l'on vît plus que dans la famille de Noailles, une succession aussi peu interrompue d'hommes dévoués au service de leur prince et de leur pays, et mêlés en première ligne à toutes les grandes affaires de l'État. Aujourd'hui l'existence de ces grandes familles, qui empruntaient héréditairement leur éclat du trône, se transmettaient les grandes charges et les grands emplois, semble devenue incompatible ou beaucoup plus difficile, du moins, au milieu de nos mœurs démocratiques, du mélange des classes, de la destruction des rangs, et du changement qu'a subi la royauté elle-même. Tou-

tefois les grands noms qui ont longtemps figuré dans notre histoire, en seront toujours le plus bel ornement et un objet
de fierté nationale; ils acquerront même en quelque sorte
un prix nouveau, en devenant plus rares, car dans nos mœurs
et nos institutions actuelles, si elles durent, il pourra bien se
créer de grandes célébrités personnelles, mais il ne se formera
plus de grandes familles. Les priviléges, les grands héritages
transmis, la succession des emplois, les faveurs de la cour pro-
longées sous plusieurs règnes, nécessaires pour former ces familles, leur manqueront. Que ceux qui portent ces noms historiques
que tout le monde sait, aient donc confiance, ces noms ne périront
pas, si ceux qui en héritent savent les porter. Il y aura encore
une place pour leurs descendants dans l'ordre nouveau de la
société, mais à une condition, c'est qu'ils vaudront par eux-
mêmes, c'est qu'ils joindront le mérite personnel à l'illustration
des ancêtres, et qu'ils sauront comprendre l'esprit de la société
moderne pour pouvoir rester à sa tête. Nous en avons un exemple
sous les yeux, dans la personne de M. le duc de Noailles, dont
nous écrivons ici la vie, qui, malgré les difficultés de la position
politique que la révolution de 1830 a créées pour lui, comme
pour d'autres, et malgré l'éloignement où il est des emplois par
suite de son éloignement de la cour, a su ne pas s'annuler dans
le pays, y conserver de l'influence, tout en y conservant la dignité
de son opinion, et y conquérir la considération, l'importance et
l'estime publique, qui s'attachent à une capacité et à des talents
qui le rendraient digne de remplir les grands emplois dont il est
écarté.

Paul duc de Noailles, pair de France, chevalier de l'ordre
de la Toison-d'Or, etc., naquit à Paris, le 4 janvier 1802, fit des
études assez brillantes au collége Stanislas. Il avait 19 ans, lorsqu'il entra dans les gardes-du-corps, compagnie de Noailles,

avec lesquels il fit la campagne d'Espagne, où il fut décoré de l'ordre de St-Ferdinand. Il venait d'épouser mademoiselle de Rochechouart-Mortemart, fille du feu duc de Mortemart, mort en 1812, et sœur du duc de Mortemart actuel, qui a été capitaine des gardes de la compagnie des Cent-Suisses du Roi, ambassadeur en Russie, et avait fait les dernières campagnes de l'Empire auprès de Napoléon dont il était officier d'ordonnance.

Jean-Louis-François duc de Noailles, lieutenant-général avant la révolution, ayant repris, en 1814, dans la première organisation de la pairie de Louis XVIII, la place que son ancien titre de duc et pair lui donnait le droit d'occuper, et étant mort sans enfants mâles, M. de Noailles, Paul, son petit-neveu, fut appelé au droit de succession des titres et dignités de son grand-oncle, par ordonnance royale du 12 janvier 1823. Deux ans plus tard il reçut du roi Ferdinand VIII, l'ordre de la Toison-d'Or, que les rois d'Espagne ont conservé héréditairement dans sa famille, en souvenir des services que le maréchal de Noailles (Adrien-Maurice) avait rendus à Philippe V, qui reconnaissait lui devoir en partie sa couronne.

M. le duc de Noailles entra à la cour dans les dernières années de la Restauration. Quoiqu'il n'y eut aucune charge, aucun emploi, le roi Charles X le traitait avec bonté, et lui avait accordé, comme chef de la Maison de Noailles, les grandes entrées de son cabinet. Ce fut le 5 février 1827, que M. le duc de Noailes prit séance à la chambre des Pairs, avec voix délibérative seulement, car il n'avait encore que 25 ans, et selon la Charte, les pairs n'ont droit de voter qu'à 30 ans. Il parut rarement au palais du Luxembourg pendant les deux sessions qui précédèrent la révolution de Juillet, la session de 1829 ayant été d'ailleurs ajournée par le ministère de Polignac. Comme on le voit, M. de Noailles ne put avoir aucune part aux événements qui marquèrent les quinze années de la Restauration. Sa carrière politique ne date, à proprement parler, que de la chute de Charles X, et c'est surtout sa vie parlementaire qui lui a fait la haute réputation dont il jouit, non-seulement aux yeux de ceux qui partagent ses sentiments et ses convictions, mais même de ceux qui professent des opinions opposées aux siennes.

Lorsque parurent les trois ordonnances qui furent si funestes à la branche aînée des Bourbons, M. le duc de Noailles n'était pas à Paris, il apprit à son château de Maintenon que les Parisiens avaient levé l'étendard de la révolte, et que le Roi et la famille royale ne se croyant pas en sûreté à St-Cloud, s'étaient retirés à Rambouillet. Bientôt arrivèrent des messages qui jetèrent l'effroi dans cette résidence royale ; les Parisiens, disait-on, marchaient en armes sur Rambouillet, pour s'emparer du Roi. Dans cette extrémité, Charles X voulant éviter l'occasion d'une nouvelle effusion de sang, se résolut à la retraite, et fit demander à M. le duc de Noailles, de le recevoir à Maintenon. Il y fut reçu, comme on peut le penser, en Roi, et en Roi malheureux, par un sujet qui ne trouvait dans son cœur et dans les traditions de sa famille que respect et dévouement pour ses princes légitimes.

Toute la famille royale, avec sa suite, passa la nuit et une partie de la journée du lendemain au château de Maintenon. C'est dans ce château, plein des souvenirs de Louis XIV, qui y était venu plusieurs fois, que Charles X cessa véritablement de régner ; c'est là qu'il congédia sa garde, et qu'il se mit en route pour Cherbourg. M. de Noailles et quelques autres serviteurs dévoués, cherchèrent à adoucir, par leurs derniers respects, ces derniers moments d'une royauté qu'on ne pouvait plus sauver, et en même temps à la mettre à l'abri, par leur prévoyance, des attaques qu'on pouvait croire redoutables, mais qui, on le sait aujourd'hui, l'eussent été peu. Une simple démonstration eût fait reculer toute cette bande, dont étaient fort inquiets ceux qui de Paris l'avaient envoyée. Ce prétendu mouvement national ne fut qu'une comédie, un coup monté pour profiter de l'effervescence du peuple, mais non un élan du peuple lui-même : ce qu'en disent les historiens, même ceux qui sont favorables à la révolution de Juillet, l'atteste (1). Une simple démonstration à Rambouillet contre cette foule qui marchait à la débandade, l'aurait refoulée dans Paris, y eût jeté l'effroi, et eût permis à Charles X de traiter pour son petit-fils.

Quoiqu'il en soit, la révolution de Juillet étant consommée, M. le duc de Noailles, tout en restant fidèle à ses regrets, à ses sentiments, à ses principes, ne crut pas devoir divorcer avec le pays, ni abandonner le droit qu'il avait d'intervenir dans ses affaires selon les inspirations de sa consience et les lumières de son jugement ; il crut qu'en présence des périls que le pays pouvait courir au milieu des événements qui s'accomplissaient, il était du devoir d'un bon citoyen de rester à son poste ; il n'imita pas ceux de ses collégues qui se retirèrent de la chambre des Pairs, et ont privé ainsi la France des secours qu'elle était en droit d'attendre de leurs lumières et de leur dévouement. Il revint prendre son fauteuil au Luxembourg, et subissant la loi des événements, prêta le serment exigé, en laissant à sa conduite politique le soin de l'expliquer.

Dès ce jour, M. le duc de Noailles, constamment attaché à ses convictions et à ses principes, n'a laissé échapper aucune occasion de les défendre avec cette indépéndance de caractère et cette fermeté d'opinion qui, malgré sa jeunesse, lui ont acquis l'estime et la considération de tous les gens de cœur et de conscience. Ayant eu souvent l'occasion de froisser les sentiments de la chambre des Pairs, qui, en grande partie, recompo-

(1) Voir Louis Blanc, *Histoire de Dix ans*.

séc par des nominations nouvelles, se trouvait fort dévouée au régime nouveau, ses discours toujours pleins de convenance et de modération dans les termes, en même temps que de force et d'énergie dans les choses, ont toujours captivé l'attention de ses collègues, et souvent produit un effet marqué sur l'assemblée.

Seul avec M. le marquis de Dreux-Brézé, M. le duc de Noailles a représenté à la chambre des Pairs le parti véritablement monarchique, en défendant tous les principes sociaux et politiques nécessaires à la monarchie, et si compromis, pour ne pas dire davantage, dans l'origine et les commencements révolutionnaires de la dynastie nouvelle. Seuls, au milieu d'une assemblée nombreuse, ces deux nobles pairs ont soutenu depuis quatorze ans, avec une constance égale, un mérite égal, la discussion publique de ce point de vue, et ont ainsi formé à eux deux toute l'opposition. Ce rôle difficile dans les circonstances actuelles, ce rôle auquel ils n'ont jamais fait défaut, en le soutenant avec les nuances diverses de leur talent, a jeté un grand intérêt dans leur existence politique.

M. le duc de Noailles débuta dans la carrière parlementaire, le 19 avril 1831, en combattant le projet de loi relatif à l'expulsion de Charles X et de sa famille. Ainsi, la première fois que sa voix s'éleva, ce fut pour défendre ces princes dont ses pères avaient si longtemps servi les ancêtres. Cette loi était une nouvelle sanction de la révolution de Juillet, et avait en outre un caractère personnel contre les Bourbons de la branche aînée, qui pouvait paraître odieux. M. le duc de Noailles s'éleva avec force et avec la mesure que lui imposait son serment, contre cette proposition qu'il montra comme inutile, comme indigne d'un grand peuple, et dans ses rapports avec la vente des biens, comme contraire même à la constitution dans son article qui abolit les confiscations :

La proposition, dit-il, qui vous a été adressée par l'autre Chambre, me force aujourd'hui à rompre ce silence, parce que mon âge (1) ne me permettant pas de protester contre elle par mon vote, je ne puis résister au besoin de protester par mes paroles. Quant à ceux qui, par raison d'État, pourraient être d'un avis différent du mien, ils ne se méprendront pas sur les motifs de mon opinion, parce qu'elle prend sa source dans des sentiments généreux qui ne seraient désavoués par personne, et qui n'excluent pas le patriotisme le plus sincère.

Quelque passionné qu'on soit pour la liberté, quelque haine que l'on porte à l'apparence même du despotisme, quelque indignation qu'ait pu faire naître chez les plus ardents défenseurs de nos institutions l'apparition des ordonnances de Juillet, quelque justice même qu'on puisse trouver dans leur terrible résultat, la main peut hésiter encore, ce me semble, à signer l'espèce d'arrêt qu'on vous propose contre les descendants de nos anciens rois.

Autre chose est de s'être soumis aux événements, d'avoir adopté même les conséquences de ces funestes entreprises qui ont amené la chute de ces princes, éternels jouets de la fortune, autre chose de les poursuivre aujourd'hui par des rigueurs inutiles.

Les événements de Juillet n'ont pu anéantir le passé ; ils n'ont pu faire que cette royale famille, réfugiée aujourd'hui sur la terre d'Angleterre, ne soit la descendance de cette antique dynastie qui a gouverné la France pendant huit siècles, associée pendant cette longue période à ses conquêtes, à ses travaux et à sa gloire. Ce passé, messieurs, est un titre inviolable de respect qui doit couvrir comme d'une égide sacrée de si grandes infortunes, aux yeux mêmes de ceux qui les trouvent les plus méritées. Je dirai plus : il est un sentiment d'honneur qui ne permet pas à un pays de déverser le mépris sur une famille qui l'a gouverné pendant huit cents années, sans qu'il en rejaillisse quelque chose sur lui-même. Celui-là serait étranger à tous sentiments généreux, et ne serait pas de son siècle, qui ne saurait comprendre le sentiment qui peut porter à repousser la mesure qui vous a été adressée, et qui s'étonnerait que, dans cette Chambre, il s'élevât quelques voix pour la combattre.

Je le répète, la loyauté dans les engagements, le plus sincère amour de la patrie peuvent s'allier avec les sentiments que j'exprime. La guerre, a-t-on dit en réponse à quelques réclamations sur le droit d'un enfant au trône, la guerre a prononcé, et c'est huit mois après la victoire, lorsqu'on se vante, avec justice, qu'elle a été pure de toute violence, sans vengeance et sans haine, qu'on viendrait, par des mesures rigoureuses et sans motif nouveau, poursuivre jusque sur la terre étrangère ces derniers rejetons de race royale, qui cachent dans les montagnes d'Écosse le plus triste tableau des vicissitudes humaines !

(1) M. le duc de Noailles n'avait pas encore 30 ans, âge nécessaire pour voter.

Cette proposition, telle surtout qu'elle vous a été envoyée, rigoureuse dans plusieurs de ses détails, serait, ce me semble, désavouée par le sentiment national ; elle le serait même par les plus vrais partisants de la révolution de 1830, dont elle dénaturerait l'esprit et le caractère. Nous n'avons point oublié que la révolution de 1830 s'est annoncée comme voulant donner au monde des exemples de grandeur et de générosité, agrandir le domaine de la raison, commander le respect par la sagesse, la justice, la modération de ses actes, soumettre ses adversaires eux-mêmes par sa magnanimité. On ne retrouverait point dans la loi que nous discutons ce grand et noble caractère. Non, il ne sera pas dit que le peuple français, quelque criminels qu'aient pu lui paraître les derniers actes du gouvernement légitime, aura poursuivi par des mesures de rigueur, jusque sur la terre hospitalière qui lui aura donné asile, la famille sous le sceptre de laquelle il a vécu pendant quinze ans ; et sans se faire l'apologist de tous les actes de la restauration, serait-il de la bonne foi de dire que ces quinze années furent sans repos, sans bonheur, sans prospérité? Le peuple français sera fidèle à la noblesse et à la générosité de son caractère, en ne disputant pas à ses anciens rois les restes de leur patrimoine ; il se respectera lui-même en ne donnant pas un pareil spectacle aux nations voisines ; et n'en est-ce pas trop déjà que ce plaidoyer que je vous adresse ici pour obtenir que vous repoussiez des mesures qui apporteraient la gêne et le besoin dans une famille qui a si longtemps régné sur nous, et livrerait à la merci de l'étranger les petits-fils de St-Louis, d'Henri IV et de Louis XIV.

Messieurs, sans que ma position personnelle auprès des princes dont il est question dans la loi, ait jamais entraîné une reconnaissance particulière de ma part, j'ai cru devoir au nom que je porte, et aux souvenirs de ma famille, de plaider une cause à laquelle le malheur seul suffirait pour donner quelque chose de sacré. Je l'ai fait surtout, parce que le sentiment qui m'y portait m'a paru d'accord avec la justice, et non contraire aux intérêts de mon pays. S'il n'y a pas péril pour lui en l'état actuel des choses, si son intérêt ne réclame pas impérieusement les mesures qui vous sont proposées, il est permis d'obéir à la répugnance qu'elles peuvent inspirer, de s'abandonner au sentiment qu'elles peuvent faire naître, et que respecteront ceux même qui ne le partagent pas. Pour moi, je ne regretterai jamais que dans une question qui, envisagée comme je l'ai fait dans ce discours, me paraît une question d'honneur pour la France, ce plaidoyer en faveur de toute une famille de rois ait signalé mon début à cette tribune.

A ces paroles courageuses qui placèrent M. le duc de Noailles dès son début parmi les orateurs les plus éloquents de la Chambre, il ajouta, en finissant, ces quelques mots, par lesquels il voulut marquer de suite le rôle qu'il entendait prendre dans les luttes politiques qui allaient suivre, et expliquer la position qu'il voulait se faire après la révolution de 1830 :

C'est parce que j'aime mon pays, messieurs, que je tiens ce langage ; et j'espère que pas une de mes paroles, dans ce discours, n'aura paru dictée par un autre sentiment. Lorsque dans ce mois de juillet, qui retentira dans l'histoire, nous avons vu le trône renversé, et la monarchie légitime s'avançant en silence vers l'exil, nous avons songé à notre pays ; nous nous sommes rappelé ses anciens malheurs, quand l'anarchie le dévorait ; et, faisant taire nos affections et nos souvenirs, nous sommes accourus pour empêcher que dans cette commotion profonde, dont la chute du trône avait ébranlé notre sol, l'ordre social ne s'écroulât tout entier, et n'écrasât encore une fois la nation sous ses ruines. Nous avons cru que, dans le poste qui nous appartenait, nous nous devions à la France. La France reste, et les orages passent sur sa tête, espérons que cela sera vrai toujours, et que, si l'orage gronde encore, il se dissipera bientôt pour rendre à notre pays le calme dont il a tant besoin !

C'est en effet le seul intérêt du pays qui a toujours inspiré les opinions de M. le duc de Noailles, et c'est parceque cet intérêt lui paraissait si gravement compromis par la révolution de 1830, qu'il s'est déclaré dès le principe son adversaire, et n'a cessé d'avertir la nation des périls qui en naissaient pour elle de toutes parts.

Cette révolution ne fut pas en effet seulement un changement de dynastie, mais une révolution réelle, par le changement apporté à la constitution, un grand pas vers une démocratie dont le triomphe ne serait pas sans de grands dangers pour le repos de la France et du monde, une altération profonde des institutions pour la défense desquelles on avait pris les armes en 1830. La loi proposée pour l'abolition de l'hérédité de la pairie le fit bien voir. Aussi M. le duc de Noailles, envisageant de haut la question, prit-il aussitôt la parole pour défendre, dans cette hérédité, le gouvernement représentatif lui-même, qui allait se trouver, selon lui, profondément altéré, si on ôtait à la pairie ce qui faisait son indépendance, en montrant que ce grand pouvoir de l'État allait se trouver réduit à être un misérable écho de la chambre élective, dans le cas où on lui donnerait la même origine qu'à elle, ou à être une pairie ministérielle et un instrument peut-être de despotisme, dans le cas où on la laisserait uniquement à la nomination royale :

Debout sur des ruines, dit-il, nous défendons les derniers débris d'un édifice où le peuple avait trouvé enfin le repos, le bonheur et la liberté... On ne peut en effet se faire aucune illusion. La question qui s'agite en ce moment est celle de la monarchie représentative elle-même. La destruction du principe aristocratique, qui est une des conditions nécessaires de ce gouvernement, entraîne sa propre ruine. En présence d'un tel résultat, et tenant compte aussi des graves circonstances qui nous environnent, je me demande avec anxiété, dans ma vive sollicitude pour les destinées de mon pays, si ses vrais intérêts ne vous défendent pas de consentir à ce qu'on vous demande, si l'honneur même de cette noble Chambre vous le permet.

Passant ensuite à l'éloge de cette forme de gouvernement même, au nom de laquelle il défendait le principe aristocratique, M. le duc de Noailles montra qu'il savait comprendre tout ce qu'ont de noble et d'élevé les institutions constitutionnelles, et qu'il appréciait à un juste degré les progrès de la civilisation et les conquêtes de l'esprit humain :

De toutes les formes de gouvernement, dit-il, celle qui s'accorde le mieux avec la raison et la justice, qui favorise davantage les progrès de la civilisation, le bien-être et la prospérité d'un grand peuple, c'est, sans contredit, celle de la monarchie représentative. Cette forme de gouvernement, devinée par les plus beaux génies de l'antiquité, que Tacite regardait comme si parfaite qu'il ne croyait pas qu'elle pût jamais exister chez les hommes, qui donne une si grande part dans les affaires à l'intelligence, de même qu'un ancien plaçait la source du pouvoir dans le génie, ce gouvernement a cela de merveilleux, qu'en prenant à la forme républicaine tout ce qu'elle a de bon, et en le faisant servir à la force et à la grandeur de la monarchie, il se donne par l'action combinée des divers pouvoirs de la société, qu'il renferme tous, cette fixité et cette durée incompatibles avec un gouvernement populaire. C'est ainsi que sous son égide une grande nation, alliant l'ordre et la liberté, peut s'avancer d'un pas noble et sûr vers le perfectionnement où doit tendre l'ordre social.

. . . .

Certes, de pareils avantages méritent qu'on ne porte pas légèrement atteinte au gouvernement qui les procure, et c'est pourtant à sa destruction que conduisent ce qu'on appelle les conséquences nécessaires de la révolution de Juillet.

Car, ainsi que les œuvres mêmes du créateur dans l'ordre admirable de la création, la monarchie représentative a ses conditions nécessaires d'existence, et le principe aristocratique forme l'une de ces conditions. Ce gouvernement établit en effet le mécanisme merveilleux de son système sur l'action combinée des trois pouvoirs qui résultent de l'organisation même de la société : le pouvoir monarchique, le pouvoir aristocratique et le pouvoir démocratique ; et c'est cette combinaison qui fait tout le mérite et le grand avantage de ce gouvernement. De cette sorte, la société tout entière s'y trouve représentée, et prend part à son action. Mais si l'un de ses trois pouvoirs en est banni, si ces trois classifications n'ont pas une représentation assurée, et par conséquent distincte, dès-lors le gouvernement représentatif n'existe plus, parce qu'il ne représente plus la société telle qu'elle est constituée.

M. le duc de Noailles n'omit point de répondre à cette objection que l'aristocratie n'existe plus aujourd'hui, et n'est plus possible avec nos mœurs actuelles :

Non, dit-il, l'aristocratie n'existe plus telle qu'elle existait jadis, dominante, oppressive, comme au moyen-âge, armée encore de priviléges, possédant de grandes prérogatives, de vastes richesses, un haut patronage, comme avant la révolution ; et en présence d'une civilisation plus avancée, d'un bien-être plus général, ce n'est pas nous qui regretterons les droits, les priviléges, les biens même que nous avons perdus, si nous avons le bonheur de voir notre pays plus heureux, plus florissant, plus libre, se reposer avec calme dans un gouvernement plus conforme à la justice et à la raison.

Mais il existe et il existera toujours en France, ainsi que chez toute nation civilisée, une classe de supériorités sociales fondées sur la richesse territoriale, les illustrations anciennes, la gloire nouvellement acquise ; non plus séparée de la nation et formant une caste à part, mais mêlée avec elle, et partageant ses charges, ses travaux, sa gloire et ses espérances ; et dans un temps où l'aristocratie est loin d'être en honneur, les noms de ceux qui, depuis peu, sont venus s'asseoir au milieu de vous, n'attestent-ils pas que les illustrations diverses viennent comme d'elles-mêmes prendre place au rang qui leur appartient? Cette classe, que nous appellerons donc encore du nom d'aristocratie, jusqu'à ce que ceux que cette dénomination chagrine en aient inventé une autre, partie intégrante de la société, est, quoi qu'on puisse dire, et par sa nature, et par son caractère, et par son influence, un véritable pouvoir, ou du moins elle en offre tous les éléments. Elle demande, dans l'intérêt de l'État lui-même, une représentation dans le gouvernement; et il est heureux qu'il en soit ainsi, parce qu'elle y apporte son esprit de stabilité, de durée, de conservation, contrepoids salutaire aux variations passionnées de la démocratie, et garantie puissante pour le trône et la constitution. La représentation que le principe aristocratique réclame, il faut que la constitution la lui donne ; la lui ayant donnée, il faut qu'elle la lui assure par l'hérédité, car l'élection générale ne la lui assurerait point, pourrait la lui faire perdre, et d'ailleurs fausserait sa nature. D'une autre part, le choix du pouvoir royal lui ferait perdre, aux yeux de la nation, la considération et l'indépendance qui lui sont nécessaires pour remplir le rôle qui lui est assigné. Pour que ce rôle de pouvoir modérateur ne soit point illusoire, il faut que l'institution à laquelle il est confié soit puissante ; pour qu'elle soit puissante, il faut qu'elle représente des intérêts, et il faut que ces intérêts soient différents de ceux des autres pouvoirs, sans pour cela leur être opposés. Je ne fais que répéter ici ce qu'on a dit éloquemment ailleurs. Une seconde Chambre nommée par le Roi ne représente point d'intérêts nationaux; née de l'élection, elle représente les mêmes intérêts que la Chambre élective ; le principe aristocratique représentant dans une Chambre héréditaire les intérêts des supériorités, remplit seul les conditions voulues. Ainsi la représentation des intérêts généraux dans une Chambre élective, celle des intérêts spéciaux dans une Chambre aristocratique, constituent l'ensemble du pouvoir social résumé dans la personne du souverain qui en est l'organe et l'agent.

Voilà comment ce principe aristocratique est nécessaire à la monarchie représentative ; voilà comment il peut exister dans une société où règne l'égalité dans les mœurs et dans les lois civiles, telle est l'aristocratie de notre civilisation moderne, dégagée de tout ce qui faisait ombrage aux peuples et pesait sur eux, pour ne conserver que ce qu'elle a d'honorable et d'utile : et c'est ainsi que le gouvernement de la monarchie représentative, quand il est établi sur ses véritables bases, quand il ne lui manque aucune de ses conditions, quand chacun de ses éléments a les développements qui lui sont nécessaires, peut élever une nation à un haut degré de liberté, de prospérité et de grandeur.

Dans ce beau gouvernement, le pouvoir aristocratique créé seulement dans l'intérêt général, chargé du dépôt des lois et des traditions, gardien intéressé de la constitution de l'État, inaccessible par sa nature à la mobilité des passions démocratiques et par son indépendance aux attaques du despotisme, formant un corps dont les membres, par le fait de leur naissance, se vouent aux affaires publiques et à la vie politique, et en font leur étude spéciale et comme leur profession, ce pouvoir existant par lui-même, puise sa force dans son privilége, qui peut seul le rendre capable de jouer le rôle qui lui est imposé, privilége tout politique, non d'intérêt et de vanité personnels, mais d'ordre et de conservation, et qui rapporte à la nation bien plus qu'il ne peut lui coûter.

. . . . , ...

Qu'on me permette, poursuit-il, de rappeler encore, au sujet de l'aristocratie politique, un principe peu d'accord peut-être avec les passions du jour, mais qui n'est désavoué ni par la raison ni par la bonne foi. Ce principe est que dans un pays libre, l'aristocratie est la plus sûre garantie de la liberté. Le rôle que dans un gouvernement constitutionnel imposent à l'aristocratie ses devoirs et ses intérêts, et que par sa nature et son indépendance elle est en état de remplir, l'obligent à faire obstacle aux empiétements de la couronne et de la démocratie, qui par leur nature aussi doivent tendre à détruire la liberté, l'une en voulant trop la restreindre, l'autre en voulant trop l'étendre. La liberté est donc le principe de l'aristocratie; elle ne peut vivre que par ce principe, tandis que le principe de la démocratie n'est autre chose que l'égalité. C'est toujours au nom de la liberté que la démocratie agit et réclame, mais la liberté n'est pour elle qu'un prétexte et un moyen. Séparée de l'aristocratie, et n'étant plus retenue, elle court à l'égalité qui est son but, et quand elle l'a atteint, la liberté est bien près de périr. Jouet et victime des factions qui s'élèvent, elle ne tarde pas à venir expirer aux pieds du despotisme appelé au secours de la société en péril.

L'orateur ajoutait encore à la force de cette pensée, en comparant la puissance et la liberté politiques fondées en Angleterre par l'aristocratie aux ruines de tout genre et à l'immolation de la liberté elle-même, produites par le triomphe de la démocratie française pendant la révolution.

Il faudrait multiplier les citations de ce discours, où toutes les pensées s'enchaînent avec force pour avoir une idée complète de la manière supérieure avec laquelle cette grande question, une des plus grandes qui puisse être discutée, fut traitée par le jeune orateur. Son discours fit un grand effet dans la Chambre, et montra quelle était la portée des vues politiques de son auteur, de même que la fermeté de ses opinions sur les plus grands problêmes de l'ordre politique et social. Il gémit en finissant sur toutes les conséquences qu'il prévoyait des ruines qui se faisaient de toutes parts autour de nous, et termina par cette éloquente péroraison :

Telle était donc, Messieurs, la secrète pensée de la révolution de 1830! Ce n'est plus cette révolution de 1688, qui devait consolider à jamais des institutions qu'on voulait nous ravir, qui devait faire de la Charte une vérité ; c'est à l'ordre social étab!i que s'attaque cette révolution, c'est le gouvernement fondé par la Charte qu'elle va détruire. Elle a commencé par immoler un grand principe, celui de l'hérédité légitime de la couronne ! Et quand une fois la hache est mise à l'édifice, où s'arrête la destruction? Aujourd'hui, c'est l'hérédité de la pairie qui succombe ; attendez quelques jours, et vous verrez d'autres débris. La pairie héréditaire est un privilége, s'écrie-t-on, et tout privilége est incompatible avec l'esprit de notre révolution ! Mais le droit électoral n'est-il pas un privilége lui-même ? Tout ordre politique n'est-il pas fondé sur des priviléges politiques nécessaires à sa conservation ? Et quels sont ceux que vous respecterez à l'avenir ? Quelle institution sera désormais à l'abri du caprice et de la passion du jour ? La pairie héréditaire réprésente un pouvoir aristocratique, et toute aristocratie est contraire à nos mœurs et à notre état social ! Mais à peine cette condamnation est-elle prononcée, que déjà la Chambre des députés elle-même est accusée, à sa propre tribune, d'être une Chambre aristocratique ; et cette classe moyenne, qui applaudit peut-être à ce qui se passe sous ses yeux, est flétrie elle-même du nom d'*aristocratie bourgeoise*. La pairie héréditaire renferme un privilége absurde en soi, celui de législateur par droit de naissance ! Mais si l'utilité générale n'est plus un motif suffisant pour justifier un privilége tout politique, ne trouvera-t-on pas bientôt quelque chose d'absurde aussi dans une hérédité plus élevée que la nôtre? Et ces attaques contre le principe d'hérédité ne sont-elles pas chaque jour, dans une feuille publique, poussées jusqu'à leur dernière conséquence, et jusqu'à la destruction de toute condition possible de sociabilité, afln qu'il soit dit qu'il n'y a aucune folie qui n'ait été abordée par l'esprit humain ?

Grande et nouvelle leçon pour les peuples, qui leur apprend que la révolution de 1830 peut elle-même n'être pas exempte de la condition des autres révolutions qui commencent par des illusions, et finissent d'ordinaire par des regrets et par des remords ! Chacun se flatte que le flot bouillonnant viendra mourir à ses pieds, mais on ne commande pas ainsi aux tempêtes; quand le premier coup a été porté, une destruction en amène une autre, toutes les conditions, toutes les existences sont menacées. Cette haine contre toute supériorité quelconque, qui vous adresse ses premiers

28

coups, et qui menace de s'étendre jusqu'à la propriété même, ébranle la société jusque dans ses fondements; chaque classe y devient hostile l'une à l'autre ; celle qui triomphe est bientôt menacée ; et le retentissement se fait sentir jusqu'au dernier échelon de l'ordre social. La Chambre des pairs, en restant fidèle à son pays, s'était flattée d'opposer une digue à ce torrent, mais le voilà qui l'entraîne, et Dieu veuille que ce soit le dernier de ses ravages !

Et quel aura donc été pour la nation le fruit de ces grands événements que nous avons vus ? La France devra à la révolution de Juillet la destruction d'une forme de gouvernement regardée comme le chef-d'œuvre de l'esprit humain, et qui réunissait toutes les conditions de puissance, de bonheur et de liberté. Et qu'aura mis la révolution de Juillet à la place de ce qu'elle aura détruit ?... Assez de plaintes, assez de murmures s'élevaient sous le dernier règne ! Je cherche ce qu'on a gagné en liberté, en prospérité, en richesse ; et je le cherche, non avec l'aigreur d'un esprit chagrin et mécontent, mais avec la conscience alarmée d'un bon citoyen. Je vois le commerce paralysé, l'industrie languissante, les finances publiques surchargées, les impôts s'accroître, chacun se plaindre, chacun souffrir, l'inquiétude et l'incertitude de l'avenir peser sur tous les esprits ; je vois ceux qui étaient jadis les plus ardents défenseurs des principes de la Charte, et qui se sont armés pour elle, être les premiers à en détruire les bases ; d'autres, signalés chaque jour à la fureur des partis, parce qu'ils veulent défendre encore ces mêmes principes, et arrêter le mouvement auquel ils ont pris part, sort inévitable de tous ceux qui entraînent la foule en la flattant : à mesure qu'ils avancent, il se creuse un abîme derrière eux ; et, lorsque effrayés eux-mêmes ils veulent reculer, cet abîme les engloutit.

Messieurs, je n'ai voulu autre chose, dans ce discours, qu'exposer à mon pays le tableau de sa situation véritable, telle au moins que je la vois ; lui montrer d'où il vient et où il va ; les conséquences forcées des mesures auxquelles on s'arrête ; j'ai voulu aussi venger, à ses derniers moments, le principe aristocratique des injustes préventions dont il était l'objet.

Je suis loin d'attribuer aucune puissance à mes paroles, mais elles auront le mérite, du moins, d'avoir été dictées par le plus sincère amour de la patrie, et peut-être jetteront-elles une lueur fugitive sur l'abîme qui s'ouvre devant nos pas.

En 1833, la loi relative à l'exclusion de la branche aînée de la maison de Bourbon, restée sans résultat après la discussion de la chambre des Pairs, à laquelle M. le duc de Noailles prit la part que nous avons dite, fut reproduite par une proposition de M. Bricquèville, et combattue de nouveau par M. le duc de

Noailles, qui s'y fit le défenseur, comme il l'avait été déjà dans le 1ᵉʳ discours, de ce qu'il y avait eu de bon, d'utile, d'honorable, de libéral même dans le gouvernement de la Restauration, que tant de gens insultaient aujourd'hui qu'il était tombé, et prit une occasion nouvelle, en rendant ainsi une justice courageuse à ce qui n'était plus, d'expliquer encore avec loyauté et fermeté à la fois, ses sentiments, ses opinions et le mobile de sa conduite :

L'auteur, dit-il, de la proposition a dit que son but était de dévoiler les secrètes intentions et de démasquer les visages. Pour nous, nous n'avons point de masques, et nous nous montrons à visage découvert. Nous ne renions ni nos principes, ni nos anciens sentiments, et nous ne les croyons pas incompatibles avec nos nouveaux devoirs, parceque nous ne leur sacrifierons jamais le repos, le bonheur et l'indépendance de notre pays.

La monarchie légitime était pour nous un principe de prospérité, d'ordre et de liberté au dedans, de paix et de dignité au dehors. Nous y avons toujours vu, non ce principe mystique de droit divin dont on veut faire une arme si puissante, mais le principe du droit, principe vital de la société tout entière. Loin de nous, toutefois, l'idée de vouloir poursuivre, jusqu'au travers de l'anarchie, le rétablissement de ce qui n'est plus ! En présence d'une révolution proclamée, sinon par le peuple, du moins en son nom, nous avons accepté les résultats de cette révolution comme un fait auquel nous n'avons point pris part, mais auquel nous nous sommes soumis. Mus par un sentiment qui, chez nous, domine tous les autres, l'amour de notre pays, nous n'avons point voulu nous départir du droit que nous avions de peser pour quelque chose dans la balance de ses destinées. Aujourd'hui le gouvernement de la monarchie représentative a reçu à nos yeux une profonde atteinte. Ce gouvernement des trois pouvoirs, qui peut-être n'avait pas été suffisamment compris par la Restauration elle-même ; ce gouvernement a été privé d'une de ses bases les plus solides, et je crains que les éléments n'en soient détruits pour jamais. Quel est l'ordre nouveau qui se prépare ? sur quelle base nouvelle se reconstruira notre société française ? qui peut le dire, en l'absence de tout principe et de toute doctrine sociale ? Mais, rappeler ces vrais principes méconnus, défendre l'honneur et l'indépendance de la nation, venger la vérité attaquée, éclairer le pays sur ses véritables intérêts, repousser l'anarchie, combattre jusqu'au dernier instant pour l'ordre, la liberté, la justice et la raison, sont, en toutes circonstances, des devoirs auxquels nous voulons être fidèles.

Voilà pourquoi nous sommes encore ici, quoique l'institution à laquelle nous appartenons soit dépouillée du principe qui faisait sa force, pour avertir notre patrie des dangers qui la menacent, lui signaler les écueils vers lesquels on l'entraîne, lui montrer comme on la conduit loin du but qu'elle croyait atteindre, semblable à ces colonnes qui servent à indiquer au voyageur l'espace qu'il a parcouru, ou à marquer l'envahissement des flots ; destinés que nous sommes peut-être à d'inutiles efforts, mais, quoi qu'il arrive, toujours fiers de l'honneur d'avoir combattu.

Tout ce que la justice, la générosité, l'humanité peuvent inspirer d'arguments à un cœur noble et généreux, M. le duc de Noailles l'exprima avec chaleur dans son discours qui, d'un bout à l'autre, témoigne de l'élévation de ses sentiments. Mais une circonstance particulière faisait, au noble pair, un devoir sacré de combattre le projet. Nous avons vu qu'après les trois journées, Charles X, craignant les excès d'une populace sourdement excitée, était allé chercher un refuge chez M. de Noailles. Cette circonstance seule, pour un cœur qui comprend les obligations d'une telle hospitalité, était de nature à mettre dans la bouche de celui à qui fut réservé ce triste honneur, des paroles toutes vibrantes de l'émotion qui débordait son âme. M. le duc de Noailles termina donc par un morceau de l'éloquence la plus touchante, en faisant allusion à l'hospitalité que Charles X, fuyant dans l'exil, était venu lui demander dans son château ; ce morceau, qui a quelque chose d'antique par sa simplicité et son émotion, peut être considéré, à bon droit, comme un modèle parfait de la plus pure éloquence :

Je ne pouvais, dit-il, me dispenser, Messieurs, de prendre la parole au sujet de la proposition qui vous est présentée. Lors même que la justice, la raison et un sentiment d'honneur pour mon pays ne m'en eussent pas fait la loi, une circonstance particulière m'en eût fait un devoir, en quelque sorte sacré. Après cette lutte sanglante dans laquelle le trône a été brisé, le Roi de France, fugitif et dépouillé, quittant à la hâte le palais de ses pères, est venu chercher un asile dans ma maison. Vous savez, Messieurs, quelles obligations saintes imposait l'hospitalité chez les anciens. Et quel est celui de vous qui renierait aujourd'hui cette hospitalité mémorable dont le triste honneur m'était réservé ? qui de vous ne prendrait, comme moi, la défense de si augustes hôtes ?

Un des orateurs de la Chambre élective, une des gloires de la tribune française (1), en parlant de l'inutilité de ces lois de proscription auxquelles l'honneur se refuse d'obéir, s'écriait : « Qu'un de ces bannis que votre proposition condamne, soit con-
» duit en France par la fatalité, et qu'il y cherche un asile ; qu'il aille frapper à la
» porte de l'auteur même de la proposition, que cette porte s'ouvre, que le proscrit se
» nomme, qu'il entre, je lui réponds d'avance de sa sûreté. » Et moi, m'adressant directement à l'auteur de cette même proposition, je lui dirai : « Si, au milieu des
» poursuites et des menaces d'une multitude égarée, votre toit avait servi d'abri à
» Charles X et à sa famille ; si, comme moi, vous aviez prêté votre demeure à cette
» halte de la monarchie en marche pour l'exil ; si vous aviez eu sous les yeux le pé-
» nible tableau de cette famille, éternel jouet de la destinée ; si, au milieu des débris
» épars de cette royauté si antique et si brillante, vous aviez vu cet enfant, innocent
» de toutes les fautes passées jusqu'à ignorer même quel coup le frappait ; si vous
» aviez entendu les dernières paroles du Monarque au moment de quitter la France,
» plus accablé par l'infortune encore que par les années, paroles solennelles et vraies
» comme celles qu'on prononce au bord du tombeau, je l'atteste, vous ne seriez
» point l'auteur de la proposition, vous l'auriez combattue. »

Les événements marchaient, « les principes amenaient impi-
» toyablement leurs conséquences (2), » le désordre dans les esprits et dans les faits s'augmentait chaque jour, l'anarchie révolutionnaire annoncée par M. le duc de Noailles dans ses discours, ne commençait que trop à se réaliser. Le Gouvernement, après les troubles arrivés dans Paris, en 1832, voulut se faire donner une arme puissante contre les factieux, par la loi sur l'état de siége, présentée à la chambre des Pairs, en janvier 1833.

Sans doute l'ordre public était chaque jour menacé, mais la liberté l'eut été profondément par la loi telle qu'elle était présentée, et ceux qui s'étaient armés pour cette liberté en 1830, auraient eu entre leurs mains un terrible instrument de despotisme. M. le duc de Noailles, tout en tenant grand compte des

(1) M. le vicomte de Martignac.
(2) Discours de M. le duc de Noailles.

dangers qui menaçaient perpétuellement l'ordre public, crut qu'un tel sacrifice des principes de liberté n'était pas nécessaire pour le conserver. Il n'hésita pas, et donna lui-même l'exemple de ce qu'il avait avancé dans son discours sur l'hérédité de la pairie, sur des liens qui existent entre l'esprit aristocratique et l'esprit de liberté, en se faisant, lui, le représentant des principes aristocratiques, le défenseur de la liberté contre MM. Persil, Barthe, Dumas et autres, qui s'étaient faits les prôneurs de la démocratie et de la révolution de Juillet. L'orateur commence lui-même par ce rapprochement :

Rien de plus extraordinaire, Messieurs, que ce qui se passe en ce moment au sein de cette assemblée ; rien de plus difficile à s'expliquer, à l'époque où nous sommes, qu'une loi sur le sujet qui vous occupe, et quand il n'y aurait que l'étonnement qu'on éprouve, ce sentiment suffirait pour forcer à rompre le silence. En effet, l'imagination est restée confondue à l'apparition du projet présenté par le ministère, et l'on a pu se demander alors si tous les événements dont nous avons été témoins n'étaient point un songe.

A peine y a-t-il deux années, une révolution soudaine a tout ébranlé au milieu de nous ; le plus ancien trône de l'Europe a été brisé, trois générations de rois ont été sacrifiées, parce que nos libertés furent un instant méconnues, et nous avons vu ceux qui avaient pris le plus de part à ce triomphe venir de sang-froid demander à la nation, au profit du Gouvernement qui a recueilli les fruits de la victoire, le sacrifice d'une partie de ces libertés pour lesquelles elle a combattu ! Il n'y a que deux années, les représentants du pays ont effacé avec colère l'art. 14 de la Charte, et nous avons vu ceux qui s'étaient élevés avec le plus d'indignation contre cet article, venir demander, en partie, du moins, et sous une forme nouvelle, son rétablissement !

L'orateur analyse ensuite, d'une manière très-précise, l'existence des lois actuelles sur la matière :

La première loi sur l'état de siége date du 10 juillet 1791, mais cette loi ne s'applique qu'aux places de guerre et aux postes militaires exposés à être assiégés par l'ennemi ; et les législateurs de cette époque avaient si peu l'intention d'enlever aux citoyens, par une application fictive, les garanties que leur donnait la constitution, qu'ils portèrent la précision jusqu'à annexer à la loi un tableau des places et postes militaires auxquels les mesures de l'état de siége pourraient être appliquées. La ville de Paris, ville non fortifiée, ne figure point sur ce tableau.

La deuxième loi date du 10 fructidor an v. Le Directoire demanda au corps-législatif qu'il lui fût permis de proclamer l'état de guerre ou l'état de siége dans les villes de l'intérieur, en admettant, toutefois, que ces villes seraient réellement assiégées par l'ennemi ou par la rébellion ; par une rébellion non du dedans, mais du dehors ; et plusieurs villes, en effet, avaient déjà été investies par les armées royales de l'ouest. A ce sujet, les deux chambres législatives résolurent que le Gouvernement ne pourrait déclarer en état de guerre les communes de l'intérieur de la république qu'après y avoir été autorisé par une loi spéciale ; et que l'état de siége devrait être déclaré lorsque, par l'effet d'investissement, soit de troupes ennemies ou de rebelles, les communications du dedans au dehors, et du dehors au dedans, seraient interceptées à une distance de 1,800 toises des fossés et murailles. « Alors, dit la loi, le Direc-» toire en préviendra le corps-législatif. »

La troisième loi est du 19 fructidor de la même année, de ce jour où les actes les plus odieux et les plus tyranniques furent consommés au nom de la liberté. Par cette loi (si on peut donner le nom de loi à ce long acte de proscription), le corps-législatif, décimé la veille, et s'étant fait, par ses votes serviles et honteux, l'esclave du Gouvernement, abdiqua ses droits, et dit simplement : « Le pouvoir de mettre une » ville en état de siége est rendu au Directoire. » Toutefois, les conditions d'investissement par des troupes ennemies ou rebelles ne furent point textuellement abrogées.

La quatrième loi est un décret impérial du 24 décembre 1811. D'après la teneur de ce décret, intitulé « Décret relatif à l'organisation et au service des états-majors de place, » ses dispositions ne s'appliquent évidemment, comme celles de la loi de 1791, à laquelle il renvoie souvent, qu'aux places de guerre et aux forteresses. Il distingue, comme la loi de 91, l'état de paix, l'état de guerre et l'état de siége. L'état de guerre est déterminé par certaines circonstances en temps de guerre, et par un décret de l'Empereur. L'état de siége est déterminé par un décret de l'Empereur, ou par une attaque de vive force, ou par l'investissement, ou par la sédition intérieure. Mais le titre, les termes et les dispositions de cette loi prouvent, je le répète, qu'elle n'a été faite que pour les places fortes, et qu'elle n'est applicable qu'à elles.

. . . .

Je n'ai rien dit du dernier article de la constitution de l'an viii, qui autorisait, en cas de troubles et de révolte à main armée, la suspension de la constitution pour les lieux et un temps déterminés, parce que cette constitution se trouve naturellement abrogée par le seul fait de la constitution actuelle. Cet article, d'ailleurs, exigeait que le

Gouvernement qui prononcerait cette suspension, convoquât par le même arrêté, et au plus court terme, le corps-législatif, s'il n'était pas rassemblé.

L'orateur prouvait, par là, l'illégalité de la mesure par laquelle on avait mis Paris en état de siége en 1832, mesure judiciairement annulée par un arrêt de la cour de cassation, mais qu'on voulait rendre légale pour l'avenir :

Véritable annulation de la Charte, poursuit-il, et, comme je le disais au commencement, rétablissement furtif de cet article 14, si solennellement effacé de notre constitution. Car si on ne lisait point dans ce projet, comme on pouvait prétendre le lire dans l'article 14, le droit de pouvoir faire des lois par ordonnance pour la sûreté de l'Etat, n'y lisait-on pas la faculté de suspendre arbitrairement, pour la sûreté de l'Etat, les lois les plus précieuses aux citoyens, celles des juridictions et de la liberté individuelle, et cela ne suffit-il pas pour anéantir toute la constitution ?

Traitant ensuite la question d'une manière profonde et complète, l'orateur démontra 1° que le principe de l'état de siége fictif, c'est-à-dire le droit donné au Gouvernement en certains cas par une application fictive de la loi, de déclarer en état de siége une ville qui n'est point assiégée, et de placer à l'aide de cette fiction toute une population sous la terrible juridiction des conseils de guerre et sous le régine formidable d'une ville en présence de l'ennemi, était inconciliable avec l'esprit et la sincérité de nos institutions, et contraire à la Charte ; 2° qu'il était également contraire à la lettre précise de la Charte, de donner ainsi au Gouvernement le droit d'enlever à son gré les citoyens à leurs juges naturels ; 3° que lorsqu'au nom du salut de l'ordre public, les lois ordinaires devaient être suspendues, cette suspension ne pouvait avoir lieu que par l'intervention légale des trois pouvoirs, pour un cas spécial, et pour un temps limité, condition qui n'existait nullement dans le projet du Gouvernement, et qui n'était pas suffisamment établie dans le projet de la commission.

C'est ainsi que M. le duc de Noailles, agrandissant en quelque sorte le sujet, examina à fonds dans ce discours la grande question des lois exceptionnelles, dans leur rapport avec les principes d'un gouvernement libre.

Il serait difficile d'en suivre ici les développements, à moins de citer le discours tout entier. Ainsi l'orateur définit très-bien ce qu'on doit entendre par juges naturels des citoyens, lorsqu'il dit :

M. le ministre de la justice pense que les juges naturels dont parle l'article 53 de la Charte doivent s'entendre par les juges que la loi assigne à l'avance. Qu'ainsi les conseils de guerre sont les juges naturels des militaires, parce qu'une loi a consacré cette juridiction, et que, lorsqu'une ville est mise en état de siége, les juges naturels de la population ainsi placée seront les juges que la loi assignera. « Car, ajoute-t-il, » le droit commun des juridictions ne peut être maintenu lorsqu'il est impraticable, » et le juge naturel ne peut jamais être le juge impossible. » Cette interprétation ne me paraît pas juste. On ne doit pas entendre par juges naturels les juges que la loi assigne, parce qu'elle les assigne, mais ceux qu'elle a reconnus appartenir à la classe à laquelle appartiennent les prévenus eux-mêmes, en vertu du principe qui est de faire juger chacun par ses pairs. C'est pour cela que les citoyens, autrement dits le jury, sont les juges naturels des citoyens ; c'est pour cela que les militaires, classe spéciale dont les devoirs et le régime particulier ne seraient pas bien compris par ceux qui ne lui appartiennent pas, sont les juges naturels des militaires ; c'est pour cela que les pairs de France, placés par la constitution dans une sphère plus élevée et plus indépendante, sont les juges naturels des pairs de France ; mais il serait contre toute raison de dire que parce qu'une loi soumettra les simples citoyens, dans certaines circonstances, à la juridiction de tribunaux militaires, les tribunaux militaires seront alors les juges naturels des citoyens.

Plus loin il définit et et défend ainsi le grand principe de la liberté individuelle :

La Liberté individuelle est le but de toute association humaine ; sur elle s'appuie la morale publique et privée ; sur elle reposent les calculs de l'industrie ; sans elle il n'y a pour les hommes ni paix, ni dignité, ni bonheur. Ce qui préserve de l'arbitraire, c'est l'observance des formes. Les formes sont les divinités tutélaires des associations humaines ; c'est aux formes seules que l'opprimé peut en appeler. Plusieurs n'aperçoivent dans l'exercice de l'arbitraire qu'une mesure de police; et, comme apparemment ils espèrent en être toujours les distributeurs, sans jamais en être les objets, ils la trouvent très-bien calculée pour le repos public et pour le bon ordre; d'autres, plus ombrageux, n'y démêlent qu'une vexation particulière : mais le péril est bien plus grand. Donnez à l'autorité exécutive la puissance d'attenter à la liberté individuelle, et vous anéantissez toutes les garanties qui sont la condition première et le but unique de la réunion des hommes sous l'empire des lois.

Après avoir signalé les précautions que dans tous les états libres on a toujours prises pour les momens de crises, où la suspension des lois est jugée nécessaire, et montré qu'aucune de ces précautions n'existait dans la loi proposée où le pouvoir restait seul, sans contrôle, juge unique des circonstances, il s'écria :

Ah! Messieurs, qu'aurait-on dit si Charles X avait présenté une loi sur un sujet pareil! une loi surtout semblable à celle que le ministère avait apportée! Quelle clameur ne se serait pas élevée! quel langage auriez-vous tenu vous-mêmes, ministres du Roi? J'en appelle à votre bonne foi, auriez-vous trouvé des paroles assez amères, des accusations assez vives, pour satisfaire vos consciences indignées? Si donc vous étiez conséquents avec vous-mêmes, si vous vous souveniez de vos anciens vœux pour la liberté, vous ne sortiriez pas imprudemment des limites que la raison elle-même trace au Gouvernement que vous avez voulu.

Après avoir démontré enfin que cette arme, tout en exposant la liberté, serait impuissante dans les mains du Gouvernement pour se défendre contre le parti qui l'attaquait, parce que ce parti puisait sa force dans l'origine et les principes du Gouvernement lui-même, il ajoutait :

Quant à nous, qui avons toujours eu les yeux fixés sur la patrie, comme sur la seule étoile qui devait nous guider au milieu des orages, et qui n'avons point voulu abandonner un poste où nous pouvions être parfois utile, notre rôle est tout tracé; il est noble, il est glorieux. Quoi qu'il arrive, et contre qui que ce soit, nous devons rester fidèle aux intérêts et aux libertés du pays.

Je suis fier, pour mon compte, d'en être ici le défenseur ; je suis fier de montrer
à la nation que, dans les rangs de ceux contre lesquels peut-être elle conserve encore
d'injustes préventions, ces libertés ont des amis sincères, tout autant que parmi ceux
qui s'en sont fait longtemps une arme contre le pouvoir, et qui aujourd'hui se font
du pouvoir une arme contre elles. Dès l'année 89, nos pères ont fait les premiers, et
avec quelque noblesse, il me semble, les sacrifices et les concessions qu'ils ont crus
nécessaires à l'état de la société. Comme eux nous savons être de notre temps, nous
savons vivre des idées de notre siècle, nous savons qu'on ne refait point le passé,
que le torrent, dont le cours est si rapide, nous a emportés loin du rivage qu'habi-
taient nos ancêtres, et que nous ne reverrons plus ces plages déjà si lointaines, car
on ne remonte pas de pareils fleuves. Nous savons qu'il faut, avant tout, aux nations,
un Gouvernement qui soit en harmonie avec l'état réel des esprits ; nous connais-
sons tout le prix de la liberté bien réglée et bien comprise ; nous savons tout ce qu'elle
peut inspirer de grand, de noble, de généreux et d'utile, et c'est nous qui sommes
sur la brèche aujourd'hui, à la défendre contre ceux qui ont renversé en son nom un
Gouvernement dont le principe, plus que tout autre, était propre à assurer son
empire.

Il finissait ensuite par cette distinction vraie sur l'ordre matériel et l'ordre moral, et par de mélancoliques considérations
sur l'état déplorable où l'esprit révolutionnaire, toujours enva-
hissant sous plusieurs formes, avait mis la société :

« L'intérêt matériel n'est en effet qu'une situation, et ne peut suffire à être la base
» d'une société ; il ne peut seul être un long gage de stabilité pour elle, car il peut
» inspirer le désir du changement dans l'idée d'une amélioration..... ... »

Non, l'ordre matériel ne saurait longtemps subsister de lui-même, et les nations
ont besoin de croyances tout autant que les intelligences de vérité. Par une de ces
lois que la Providence s'est imposées pour gouverner le monde, l'ordre matériel est
nécessairement enchaîné à l'ordre moral ; ou plutôt, il y a des conditions morales
sans lesquelles l'ordre matériel ne saurait exister. Le désordre est bientôt dans les
faits lorsqu'il est dans les esprits.

Au milieu donc de cette société, dont toutes les conditions nécessaires semblent
s'évanouir, où toute hiérarchie disparaît, où toute supériorité révolte, où tout se ni-
velle en s'abaissant, où il n'y a plus un seul principe debout, une seule croyance
conservée, une seule idée qui soit restée commune à tous ; quel est l'avenir qui se
prépare ? Quel monde nouveau sortira du milieu de ces ruines ? La société va-t-elle

prendre une forme toute nouvelle et se reconstruire sur des bases et des principes inconnus? L'irruption des nouvelles idées va-t-elle renverser tout l'édifice ancien, pour n'en plus laisser apercevoir que quelque grande ruine, comme on a vu jadis les Barbares inonder l'ancien monde, et, assis sur les débris des grands monuments qu'ils avaient renversés, songer à organiser un monde tout nouveau? Je ne le sais, mais pour nous, dont la courte carrière ne verrait point s'accomplir une si grande œuvre ; pour nous, qui avons rejeté les seuls principes qui pouvaient réellement assurer, à l'époque où nous sommes, l'ordre avec la liberté, et concilier toutes les conditions du pouvoir avec l'esprit et les besoins du temps, il ne reste devant nous (puisse ma conviction n'être ici qu'une erreur), il ne reste devant nous qu'une longue anarchie ; une anarchie qui se perpétuera sous des aspects divers, car nous sommes loin encore d'en avoir épuisé toutes les formes. En vain livre-t-on quelques combats, en se retranchant derrière des ruines, pour chercher à défendre les derniers débris de l'édifice qui s'écroule, on est contraint à confesser son impuissance ; et ces concessions que vous demandent aujourd'hui les ministres, et leur arbitraire d'un jour, et tous les efforts de la révolution de Juillet, qui voudrait n'en être pas une, seront de fragiles obstacles devant le torrent qui a repris son cours. Aussi (triste nécessité pour les âmes ardentes qu'anime l'amour de la patrie) est-on condamné aujourd'hui à demeurer spectateur inactif du grand mouvement social qui s'opère sous nos yeux, et à regarder la société passer devant soi. Ou si parfois notre voix s'élève encore pour invoquer et défendre les principes et la vraie liberté, ce n'est qu'un élan d'où s'échappent des vœux stériles et l'accent d'une impuissante conviction.

Dans la session de 1835, l'occasion se présenta de défendre des idées et des principes analogues à ceux que M. le duc de Noailles avait si fortement défendus dans la discussion de la loi sur l'état de siége. Un crédit de 360,000 francs fut demandé pour construire une salle à la Chambre des pairs, à l'effet de juger les nombreux accusés impliqués dans le procès d'avril, après le bouleversement de Lyon et de Grenoble. M. le duc de Noailles dit qu'il remplirait bien ses devoirs de juge, si cette grande cause était déférée à la Cour des pairs, mais que jugeant en homme politique, dans la discussion présente, une question dans laquelle le Gouvernement cherchait évidemment l'appui moral et politique des chambres, il croyait devoir se prononcer contre la résolution de déférer ce procès à la Cour, dans l'intérêt du Gouvernement, dans l'intérêt de la pairie, dans l'intérêt de la justice, « sans laquelle il n'y a plus d'intérêt social, » car, sans elle, la société n'existe pas : »

Il me paraît en effet, impossible, dit l'orateur, que les formes sincères de la justice soient parfaitement conservées.

Or, aucune considération ne doit dominer celle de la justice, car la justice est le premier de tous les intérêts, et l'impunité serait moins dommageable à la société qu'une justice qui pourrait être contestée.

Si donc le rejet de cette loi est un obstacle au procès, ou du moins si c'est une indication au Gouvernement, qu'il doit chercher quelque moyen meilleur pour sortir de la voie où il s'est engagé, je vote ce rejet avec empressement.

Sans doute on pourra trouver là une sorte d'impuissance avouée de la justice, mais le tort en est à ceux qui ont formé une entreprise qui, à mes yeux, n'a pas d'issue.

En effet, je n'ai jamais vu dans l'histoire, qu'après un fait de guerre civile on mît en jugement l'armée qu'on avait vaincue. Quand un pays a le malheur d'être frappé par un tel fléau, le véritable triomphe de l'ordre et du droit est dans la victoire qui leur reste. Sans doute, il faut que, malgré cette victoire, la justice ait son cours, qu'elle reprenne son empire, qu'elle élève la voix quand le bruit des armes a cessé, pour montrer la grandeur du crime et faire entendre des enseignements sévères, pour faire voir aux peuples qu'il y a une autre base aux sociétés que celle de la force; mais ceux qui gouvernent ne doivent pas oublier que la justice des hommes est faible et bornée comme leur nature, qu'il y a un certain cercle qu'elle ne saurait franchir et de certaines limites qu'elle ne saurait atteindre. Il faut alors que la politique vienne au secours de la justice, et qu'elle cache avec soin les limites de sa puissance, de peur qu'elle n'en soit moins respectée. Il faut que l'habileté du Gouvernement consiste en quelque sorte à trouver le moins possible de coupables, et cela, je le répète, non par indifférence pour la justice, mais au contraire par respect pour elle, comme le seul moyen de la rendre possible, de lui conserver cette action grave et vénérée qui fait sa force et son autorité.

C'est alors qu'une amnistie, c'est-à-dire l'oubli, c'est-à-dire la cessation des poursuites à l'égard au moins du plus grand nombre, peut être un acte de sagesse et d'habileté, non qu'on puisse se flatter peut-être de toucher et de ramener tous ceux qu'on amnistie, mais parce que cela aide à la transformation des partis, parce que la clémence sied toujours bien au pouvoir, et qu'en pareille circonstance elle assure et simplifie son action.

Or, voyez comme les rôles sont intervertis. Il faudra donc que ce soit le tribunal qui se charge d'amnistier lui-même; car que fera-t-il d'un si grand nombre d'inculpés dont la plupart se trouve compromis à des titres égaux? Arrêter deux mille individus, comme on l'a fait en cette circonstance, pour les traduire devant un tribunal de cent cinquante juges, c'est s'engager dans un dédale dont on ne peut prévoir l'issue, c'est rendre, à ce qu'il me semble, tout jugement impossible, selon les véritables règles de la justice, et, par conséquent, c'est déconsidérer le Gouvernement qui forme une pareille entreprise; c'est déconsidérer le tribunal qui ne peut dignement achever une pareille tâche, c'est déconsidérer la justice elle-même: car la politique décime, mais la justice ne décime pas. Le pouvoir n'est pas obligé d'arrêter tous les coupables; mais serait-il permis à des juges d'en innocenter une partie pour pouvoir juger l'autre? Et ne serait-ce pas alors une sorte de corruption, involontaire sans doute, mais une sorte de corruption, d'altération de la justice?

Ayant répondu ensuite à l'objection que justice alors ne serait pas faite, que la société resterait sans défense, que l'audace des factieux en pourrait être augmentée, il finissait en disant:

Puis, Messieurs, savez-vous ce qui peut mettre une société à l'abri de pareils dangers? Ce sont bien moins des condamnations obtenues, que l'existence et l'honneur rendus aux principes sociaux, aux vérités et aux doctrines par lesquelles vivent les sociétés, et sans lesquelles il ne peut y avoir que désordre dans le monde. Voyez ce que produisent les doctrines contraires; voyez les élèves qu'ont formés les fondateurs de cette école d'admiration pour la terreur elle-même; la terreur, exaltée dans leurs écrits comme une époque de grandeur et de génie, dont ils ne regardent les excès et les crimes que comme des malheurs nécessaires à l'accomplissement de magnifiques destinées. Voyez les éternelles agitations qu'enfante ce principe de souveraineté populaire, qu'on proclame à son profit en croyant pouvoir le faire disparaître ensuite, comme la foudre s'évapore après avoir frappé. Voyez enfin l'aspect que présente aujourd'hui la société française. On pourrait presque la diviser en deux parties: l'une, uniquement attentive à son intérêt et à son bien-être matériels, vivant d'égoïsme et d'individualité, voyant l'état tout entier dans sa maison, regarde avec indifférence passer devant elle les trônes, les dynasties, les révolutions, se couvrant la tête de son manteau, et prête à saluer le nouveau pouvoir, s'il lui promet protection pour son commerce ou pour son bien; l'autre, pleine de passions ardentes, d'imaginations exaltées qui remettent tout en question, jusqu'aux bases sur lesquelles ont reposé, depuis six mille ans, toutes les sociétés humaines. Là, point de maxime dont on ne dispute, point de principe qu'on ne nie; la vérité pour chacun est dans sa pensée: il n'y a plus que des opinions particulières au lieu de doctrine commune, et le monde moral, affranchi des lois qui présidaient à sa marche, erre dans le vide comme une planète hors de son orbite.

Mais qu'y a-t-il d'étonnant à ce que les bases étant ébranlées, l'édifice tout entier chancelle? Au milieu de cet anéantissement de tout principe et de toute croyance, qui laisse le domaine de l'intelligence, comme ces royaumes vides dont parle le poète, *inania regna*, comment s'étonner de ce que toutes ces idées chimériques de renouvellement prochain du monde, de transformation sociale complète, se soient emparées des esprits, et les poussent à des projets insensés?

Sans doute le monde est en marche, c'est la loi constante de la société; sans doute il y a une révolution en quelque sorte permanente, qui emporte les vieilles mœurs, les vieilles traditions, les vieilles lois; révolution qui s'accomplit par le temps sous la main de la providence, et selon ses vues mystérieuses, résultat naturel de la marche de la civilisation, dont le but est d'amener à la participation des avantages moraux et matériels le plus grand nombre possible d'individus. Mais que ceux qui désirent le plus ardemment l'accomplissement de ces progrès ne perdent pas de vue deux choses : la première, c'est que l'élément le plus nécessaire pour les obtenir, c'est l'action du temps, le plus grand des novateurs, comme l'appelle Bacon, et que pour hâter un avenir dont ils ne seraient pas les maîtres, ils précipiteraient leur pays dans un abîme effroyable de maux, pour obliger ensuite à reprendre leur œuvre bien en arrière des ruines que leur délire aurait faites; la seconde, c'est qu'il y a des limites aux améliorations mêmes, et que la triste condition de l'humanité ne comporte pas des perfectionnements inapplicables à l'infirmité de sa nature. C'est que dans la société il y a des choses transformables en effet, et d'autres qui ne le sont pas. La forme de la société change, mais son principe ne change pas; les mœurs, les besoins, les idées se modifient, mais les conditions nécessaires à l'existence sociale restent les mêmes, telles qu'elles ont été dans tous les temps.

C'est donc au rétablissement des principes sociaux que doit travailler le gouvernement; c'est là qu'il trouvera une véritable garantie contre les dangers qui l'effraient. Sans ce parti, le procès actuel ne le sauvera pas; avec ce parti, le procès ne lui est pas nécessaire. Qu'il l'arrête donc, car dans la forme qu'on lui a donnée, il me paraît moralement, plus que matériellement encore, impossible; et qu'il le termine par une amnistie qu'une meilleure politique aurait dû lui conseiller plus tôt.

Les inconvénients, les embarras que M. le duc de Noailles avait annoncés à ses collègues ne tardèrent pas à se faire sentir. Lorsque l'affaire fut, en effet, portée à la Cour des pairs et instruite par elle. Dès les premières séances où l'on s'occupa de régler la procédure à suivre et où il fut question de disjoindre les causes, par suite du grand nombre des accusés, dans une affaire qui était évidemment connexe, M. le duc de Noailles, toujours fidèle aux principes et aux formes de la justice, n'y voulut pas consentir, fit valoir ses raisons dans les débats de la chambre du Conseil, et, comme on passa outre, il ne voulut pas prendre part à une procédure où toutes les règles judiciaires ne lui paraissaient pas suffisamment observées. Il cessa donc de siéger parmi les juges, et fit part de sa résolution à M. le président de la Chambre, par une lettre aussi ferme que bien motivée.

Cette indépendance et cette fermeté de caractère, qualités importantes de l'homme d'état, ont toujours été montrées, il faut le reconnaître, par M. le duc de Noailles, soit vis-à-vis du Gouvernement, soit vis-à-vis de la Chambre, soit vis-à-vis même de l'opinion à laquelle il appartient. Il est du petit nombre de ceux qui sont au-dessus même de leur parti, et ne suivent, après avoir mûrement réfléchi et suffisamment consulté, que les conseils de leur conscience et la fermeté de leur jugement. Ainsi on l'a vu, avec une indépendance tout aussi grande que celle qu'il manifesta dans l'occasion que nous venons de retracer, se prononcer, dans sa conscience de juge, pour la complicité d'un journal politique par la voie de la presse dans un complot jugé en 1841, quoique cette décision fût un appui donné au Gouvernement, et sans avoir égard aux clameurs de toute l'opposition et de toute la presse périodique.

Dans l'intervalle des deux discours que nous venons de mentionner, M. le duc de Noailles en prononça un autre également important, dans lequel il montra qu'il était aussi attentif aux intérêts extérieurs de la France et aussi instruit de ces intérêts qu'il l'était des grands principes qui doivent régler son gouver-

nement intérieur. Il profita de la loi relative à la garantie de
l'emprunt grec, pour développer ses opinions relatives à la politique extérieure du pays. Tout en annonçant que cette garantie
se résoudrait en une charge définitive de 20 millions pour le
Trésor, ce qui jusqu'à présent ne s'est que trop réalisé, il n'hésita pas à dire que ce sacrifice ne serait rien, s'il pouvait nous assurer une influence considérable dans le développement de la
question d'Orient que l'orateur prévoyait déjà, dès cette époque
de 1833, c'est-à-dire, sept ans avant qu'elle n'ait été au moment
d'éclater, par le traité du 15 juillet 1840; mais que la situation
que nous avait faite la révolution de Juillet en Europe, affaiblis-
sant toute notre action au dehors, nous laisserait évidemment
toutes les charges, sans nous assurer les avantages du système
que la Restauration avait suivi à l'égard de l'affranchissement
de la Grèce :

Car il est une observation importante à faire, dit le noble pair, c'est que, depuis
trois années, de grands événements ont changé la face des choses, et que la situation
de la France, avant ces événements lui permettait de recueillir de la politique qu'elle
avait adoptée, des avantages que sa situation actuelle ne lui permet plus d'obtenir
aujourd'hui. Je demande à la Chambre la permission de m'expliquer.

D'après les anciens principes de la politique française et les anciennes bases de
l'équilibre européen, on attachait une grande importance à la conservation intacte de
la puissance des Turcs, le peuple, comme disait Montesquieu, le plus propre à conserver inutilement un grand empire. D'après ces principes, rien n'eût été plus contraire à l'intérêt français que de coopérer à l'affaiblissement de cette puissance par le
démembrement d'une de ses plus importantes provinces, et rien n'eût été plus naturel
que d'appliquer une épithète, que n'a pas épargnée un pays voisin, à une victoire
glorieuse pour notre marine, mais funeste, en effet, à la marine turque et au trône
de Constantinople.

Toutefois, au cri de liberté qui s'échappa du sein des ruines de la Grèce, après le
long silence de la servitude qui avait régné pendant plus de trois siècles sur ses monuments détruits, toutes les âmes s'étaient émues. On ne put rester spectateur
insensible de la lutte intrépide que la Grèce asservie soutint contre le pouvoir turc

qui l'écrasait. La voix de l'humanité, l'admiration due au courage, des souvenirs et des noms chers à l'imagination et à la mémoire, tout, jusqu'au sentiment religieux réveillé par cette audace barbare avec laquelle le Croissant venait de nouveau en Europe déclarer la guerre à la Croix, tout excita dans les âmes des vœux ardents et sincères pour le triomphe des Grecs, dont la cause devint bientôt populaire en France. Le Gouvernement ne dut pas résister au mouvement généreux qui entraînait alors la nation entière, sans pour cela perdre de vue les principes d'intérêt politique que l'enthousiasme des peuples oublie, mais que la sagesse des gouvernements ne doit jamais oublier. Tirer la Grèce de l'esclavage où elle gémissait, sans affaiblir le gouvernement turc, notre allié nécessaire, tel était le problème à résoudre, telle était la marche difficile que nous traçait, dans les circonstances d'alors, notre ancienne et sage politique.

Cependant il existait de nouvelles combinaisons par lesquelles cette ancienne politique pouvait être modifiée. Une puissance nouvelle s'était rapidement élevée, dans le Nord, au rang des premières puissances, non moins formidable par l'étendue de son empire que par le nombre de ses soldats. Marchant à de nouvelles conquêtes en Asie, pendant que l'Europe sommeillait en paix, elle avait prodigieusement grandi en peu de temps; ses armées avaient deux fois traversé l'Europe en moins de trois années, et elle se montrait de loin comme l'héritière du sceptre de l'Orient, vers lequel elle s'avançait toujours, s'apprêtant depuis longtemps à recueillir ou à arracher ce sceptre des mains affaiblies qui le portaient. La France aurait trouvé, dans les liens naturels qui ne tendaient qu'à se former entre elle et cette puissance, et qui par mille causes seraient devenus pour l'une et pour l'autre un appui si fort et si sûr, de quoi remplacer avec avantage l'existence menacée de l'empire Ottoman, et s'assurer une prépondérance considérable et infaillible sur le continent européen.

Les rapports dans lesquels nous étions avec les autres puissances, et cette situation vis-à-vis de la Russie, nous permettaient donc de tempérer l'ardeur de ses progrès ou de trouver notre profit dans ses agrandissements.

Dès lors le gouvernement français pouvait entrer franchement dans toutes les négociations qui regardaient l'Orient : sa place y était marquée, elle était honorable et grande ; et il trouvait ainsi, dans les négociations relatives à la Grèce, le moyen de concilier tout à la fois les intérêts de la politique et ceux de l'humanité.

Aujourd'hui, quelle est notre situation? Personne ne se le dissimule, Messieurs, les événements qui se sont passés depuis trois ans, la révolution qui s'est faite, le principe qu'elle a proclamé, les doctrines qui en découlent, ont élevé entre les puissances du Nord et nous une barrière qu'il sera difficile d'abaisser de longtemps. Ces puissances se sont étroitement unies entre elles, et pèsent aujourd'hui d'un même poids dans la balance. Liées par un intérêt semblable, elles ont laissé de côté tout sujet de rivalité et de division. Il n'y a plus de politique autrichienne, de politique prussienne, de politique russe ; il n'y a plus qu'une politique commune fondée sur un danger commun. Isolés au milieu de l'Europe, où des alliances naturelles et puissantes devraient nous donner une prépondérance assurée, sans que nous eussions à la demander à la gloire de nos armes et à vingt années de combats, nous sommes obligés d'entretenir en temps de paix une armée de près de 500,000 hommes, de mobiliser une partie de la garde nationale, et d'en venir jusqu'à fortifier Paris, nécessité qui, dans tout le cours de la monarchie, ne s'était présentée à l'esprit d'aucun de nos souverains. Les principes et les doctrines de notre révolution ont soulevé les peuples contre les rois, et nous avons abandonné les peuples ; ces mêmes principes et ces mêmes doctrines ont alarmé les rois, et les ont réunis contre nous : de telle sorte qu'aujourd'hui nous n'avons pour nous ni les rois ni les peuples. Ceux qui disaient, il y a trois ans, à la révolution de 1830 : « Déclarez donc la guerre, allez donc » sur le Rhin, votre vocation vous y appelle, votre drapeau vous y conduit. » Ceux-là disaient vrai ; ils étaient conséquents. Et pourtant, que de maux pouvait attirer sur notre patrie une semblable détermination ! C'est qu'il faut le reconnaître, et c'est ce qui pénétrait de douleur ceux qui calculaient froidement les conséquences des événements qui avaient eu lieu ; c'est que ces conséquences nous entraînaient nécessairement dans toutes les chances d'une guerre générale, ou nous plaçaient dans l'état d'infériorité où nous sommes aujourd'hui.

M. le duc de Noailles a prononcé un grand nombre de discours sur les questions extérieures, et s'y est fait remarquer par une connaissance approfondie des rapports internationaux et diplomatiques, une juste appréciation des intérêts industriels et commerciaux de la France, une sagacité de vues et une variété de lumières, qui semblent n'appartenir qu'à ceux qui ont été longtemps éclairés par la pratique des affaires, se montrant par là le digne descendant de ce François de Noailles, qui fut le plus célèbre diplomate de son temps. Ainsi, dans le discours que nous venons de citer, il prévoit longtemps d'avance l'importance et la marche de la question d'Orient, avertit le Gouvernement des écueils où le place sa politique extérieure en Europe vis-à-vis de cette question, lui indique celle qui, préparée de longue-main, peut lui assurer une place première dans cette grande affaire européenne dont l'avenir est chargé, et le triste rôle, au contraire, qu'il y jouera s'il ne sort pas des voies où il se trouve engagé.

Dans la question des 25 millions d'indemnité, due aux Etats-Unis par suite des décrets de Berlin et de Milan, indemnité que ne voulut jamais reconnaître la Restauration, M. le duc de Noailles, après avoir approfondi dans tous ses détails cette question compliquée, s'éleva à de puissantes considérations sur le droit des neutres et sur la liberté des mers, généralement méconnus par l'Angleterre, et honteusement abándonnés par les Etats-Unis qui, sous prétexte de violences, auxquelles ils ne pouvaient résister, et véritablement par une connivence intéressée, au lieu de défendre leur neutralité, s'étaient soumis aux exigences les plus arbitraires de l'Angleterre :

Cette occasion, dit-il, toutefois, est trop grave pour que nous négligions de rappeler ici les vrais principes de la neutralité telle que l'entendent tous les auteurs et que la conçoit la raison elle-même, sinon dans l'intérêt de la question présente, du moins dans celui de la politique française, dont la neutralité maritime est une des parties essentielles. Ces principes sont tellement le fondement de la neutralité, qu'on ne peut leur opposer ni la théorie générale du droit des gens, ni le traité spécial de 1800, alors même qu'on le met en regard du traité passé en 1794, entre les Anglais et les Américains, traité par lequel l'Angleterre avait imposé aux Etats-Unis des conditions contraires aux règles ordinaires de la neutralité, parce que le traité de 1800, non plus qu'aucun traité du monde, ne peut, en établissant des clauses réciproques de neutralité, anéantir les conditions naturelles, essentielles de la neutralité même. Cette condition première et fondamentale de la neutralité, c'est que le neutre fera respecter son pavillon ou son territoire, d'où il suit qu'il n'y a pas de neutralité sans qu'elle soit armée, c'est-à-dire sans que la nation neutre n'ait à défendre sa neutralité contre ceux qui voudraient la violer. Et la raison en est simple ; c'est que la neutralité n'est pas seulement établie en faveur et à l'avantage des neutres, mais aussi en faveur et à l'avantage des puissances belligérantes ; et c'est ce double intérêt, remarquez-le bien, qui peut seul assurer le triomphe complet de cette utile théorie de la neutralité maritime et de ce beau code de la liberté des mers.

Mais quoi ! une puissance neutre, guidée par la cupidité, pourrait choisir entre

deux puissances belligérantes celle qu'elle aurait plus de profit à servir, et sous prétexte de violences auxquelles elle ne résisterait pas, elle pourrait se soumettre par
une condescendance intéressée aux exigences les plus arbitraires ! Et cette lâcheté,
cette complicité de sa part, ne donnerait aucun droit contre elle ! Mais une telle doctrine ruinerait le principe même de la neutralité. Or, il est important de conserver ce
principe dans l'intérêt de notre politique, et cela est important d'ailleurs dans l'intérêt de tous les peuples, et surtout des Américains ; quand on stipule pour ce principe,
on stipule pour le genre humain tout entier : il est adopté aujourd'hui par toutes les
nations, et la France se fait gloire de marcher à leur tête ; une seule s'y oppose. De
toutes, elle est la plus puissante sur mer, et sûre d'y être la plus forte, elle tient peu
de compte peut-être de ce que la justice et de ce que l'intérêt général réclament ;
mais souvenez-vous que si vous ne maintenez pas ce principe, que le neutre est
obligé de défendre sa neutralité, sous peine de perdre son caractère, toutes les fois
que vous stipulez des conditions de neutralité maritime, ce ne sont pas des neutres
que vous faites, ce sont des alliés que vous donnez à l'Angleterre.

En 1835, à l'occasion du budget, il critiqua le système d'alliance fondé sur la similitude des principes du Gouvernement,
système qui semblait être adopté par la politique nouvelle,
« système faux en lui-même, qui peut avoir les plus graves con-
» séquences pour l'avenir, qui peut diminuer de beaucoup no-
» tre puissance et compromettre nos plus grands intérêts, qui
» peut renverser tout l'équilibre européen, qui contredit l'his-
» toire à chaque page, et qui tendrait à partager l'Europe en
» deux camps, et à y perpétuer des luttes de théorie gouver-
» nementale qui peuvent finir par embraser le monde. »

L'orateur, ne se contentant pas de la discussion théorique,
examinait et réduisait à leur juste valeur les alliances que, jusqu'à présent, nous avait données ce système, à l'aide duquel
on cherchait à déguiser l'isolement où nous avait placés en Europe la révolution de Juillet, et il mettait en opposition avec lui
« un système fondé sur des considérations positives, en rempla-
» çant la politique des opinions par la politique des intérêts, qui
» est la meilleure, la plus utile, la plus sensée des politiques. »

En continuant à développer ses idées générales, l'orateur, tout en convenant que les alliances sont choses passagères qui doivent varier avec les circonstances, pensait que la position géographique et l'identité habituelle des intérêts, créaient des alliances en quelque sorte naturelles :

Quand on parle d'alliances naturelles en politique, disait-il, on ne veut pas dire qu'il y ait des alliances éternelles auxquelles un pays doive être enchaîné ; les alliances sont choses passagères en elles-mêmes ; elles peuvent changer avec les circonstances ; mais il est raisonnable de dire qu'il y a certains États qui, par leur position géographique, la nature de leur puissance et de leurs intérêts, peuvent être habituellement d'un grand secours l'un à l'autre, sans motifs d'aucun ombrage, parce que leurs intérêts sont rarement en contact et en opposition.

L'éloquent orateur laissait ensuite apercevoir qu'à ses yeux la Russie, la Prusse, l'Espagne, les États-Unis, la Hollande, dont les intérêts risquaient rarement d'être en opposition avec les nôtres, devaient former le faisceau d'alliance le plus propre à assurer notre prépondérance sur le Continent, et à contenir sur mer la domination toujours envahissante de l'Angleterre, notre grande rivale dans la politique et dans l'industrie. Puis, dans une seconde partie, il appelait toute l'attention du Gouvernement sur les conséquences commerciales et surtout politiques de l'association des douanes allemandes, sous la protection de la Prusse, fait nouveau qui peut fonder l'influence prussienne d'une manière nouvelle et puissante.

Trois questions, ou du moins trois grands faits, ont particulièrement été l'objet de l'attention constante, et à plusieurs reprises, d'une discussion approfondie de la part de M. le duc de Noailles, dans ses nombreux discours sur les affaires étrangères, à savoir : L'ALLIANCE ANGLAISE, LA QUESTION D'ESPAGNE et LA QUESTION D'ORIENT ; ce sont, il est vrai, les trois grands faits qui ont rempli toute notre politique depuis bientôt 14 ans.

Quant à l'alliance anglaise, dès l'origine, M. le duc de Noailles s'en est montré l'adversaire, démontrant, par le raisonnement, que la rivalité d'intérêts existant sur tous les points entre les Anglais et nous, devaient sans cesse compromettre cette alliance, ou la rendre trop coûteuse, et même souvent oppressive, et démontrant, non moins évidemment par les faits, que depuis 10 ans elle ne nous a été qu'onéreuse et dommageable en Espagne, en Portugal, en Belgique, en Orient et même en Amérique. Le noble pair a devancé en cela le sentiment public engoué de cette alliance dans les premières années de la révolution de Juillet, et aujourd'hui, reconnaissant tout ce qu'elle a de trompeur et de perfide :

Sans doute il faut convenir, disait-il le 7 juillet 1836, qu'il y a des commotions et des moments de crise dans la vie des peuples, où certaines idées triomphant avec violence à l'intérieur, y dominent forcément tout système de politique au dehors, parce que leur premier besoin est de maintenir ce qu'elles ont établi ; la force des choses le veut ainsi : et ce n'est pas une des moindres raisons qu'on ait de déplorer ces catastrophes, qui, même les plus pacifiques, ne triomphent qu'au détriment de tant de véritables intérêts.

Mais le devoir et l'habileté de ceux qui gouvernent, consistent à reconnaître le moment où l'on peut abandonner ces intérêts accidentels pour faire rentrer, le plus tôt possible, la politique dans les intérêts permanents et positifs du pays.

Personne ne comprend mieux que moi, avait dit M. de Noailles, dans son discours sur l'emprunt grec, 8 juin 1833, tout ce que la France et l'Angleterre doivent mutuellement gagner à des rapports de bonne harmonie dignes de l'époque de civilisation où nous sommes ; mais le progrès des lumières et l'adoucissement des mœurs ne sauraient changer la nature des choses. Ces deux rivages opposés se regarderont toujours en rivaux, *littora littoribus contraria.* Les lumières, l'industrie, le commerce, la situation géographique des deux pays mettront toujours leurs intérêts en contact. Loin de s'abandonner avec confiance à une alliance de cette nature, on doit s'applaudir toutes les fois qu'en présence d'un fait important elle ne s'est pas rompue. Je veux bien qu'on décore du nom d'alliance l'intelligence momentanée qui existe entre les deux gouvernements, mais j'attendrai le premier conflit d'intérêts, pour juger de sa force et de sa durée.

Dans son discours du 6 janvier 1840, l'orateur s'était attaché à prouver que la plus funeste conséquence de la révolution de Juillet a été de nous isoler en Europe, et de nous condamner, pour ne pas rester seuls, à cette alliance anglaise, qui se fait acheter par des sacrifices cruels pour une nation jalouse de son honneur et de sa dignité; il dit que là est la cause de l'incertitude et de la faiblesse de notre politique, des embarras du Gouvernement dans sa liberté d'action, attendu qu'il ne peut plus aujourd'hui, sur le continent, trouver des alliances efficaces et durables, parce que les principes de notre révolution nous ont éloignés de lui et font peur à l'Europe.

La question d'Espagne, dont les destinées sont si étroitement liées à celles de notre pays, a attiré principalement l'attention de M. le duc de Noailles, qui l'a traitée à fond dans plusieurs discours très remarquables. Prévoyant les dangers et les embarras que créerait au pays la politique que le Gouvernement suivait dans cette grande question, il s'en est montré, dès l'origine, l'adversaire déclaré. Le premier reproche qu'il a adressé au Gouvernement de Juillet, c'est d'avoir puissamment contribué à l'abolition de la loi salique, qui maintenait la couronne des Espagnes dans la maison de Bourbon, dont le moindre des résultats était de nous assurer un grand appui maritime contre la puissance anglaise, et de nous permettre, dans l'occcasion d'une guerre, de dégarnir nos frontières du Midi, pour porter toutes nos forces vers le Nord. Tels avaient été les efforts constants de la grande politique d'Henri IV et de Richelieu, efforts couronnés par les succès de Louis XIV, et la possession du trône d'Espagne pour son petit-fils. Tandis que dans l'état actuel, la France est exposée, par le mariage de la reine Isabelle, à voir monter sur le trône un prince ennemi, et cette circonstance, comme le dit judicieusement M. le duc de Noailles, donne une grande importance aux événements d'Espagne.

Désormais, disait-il, le 6 janvier 1836, la couronne d'Espagne peut être portée dans une maison étrangère et même dans une maison qui nous soit ennemie ; tous les avantages que nous avions conquis peuvent nous être enlevés; cette couronne peut passer aux mains d'un prince qui pourrait peser déjà sur nos frontières de tout le poids d'un autre empire, et l'on pourrait voir renaître les jours de Charles-Quint.

Un second reproche que M. de Noailles fit au système suivi en Espagne par notre Gouvernement, c'était, par l'appui moral et matériellement donné à cette révolution, d'engendrer de funestes conséquences immédiates, telles que frais considérables pour l'armée d'occupation ; anéantissement du commerce du Midi ; banqueroute du gouvernement espagnol ; foyer d'agitation entretenu à nos portes ; malheurs d'une guerre civile, que nous laissons se développer, et qui finira par causer la ruine totale de ce malheureux pays ; source d'avantages que les Anglais au contraire retireront, à notre détriment, de l'influence qu'à la faveur de ces mêmes événements ils doivent prendre dans la Péninsule.

Un troisième reproche que M. de Noailles adressait au gouvernement français, c'est de n'avoir pas su soutenir en Espagne sa propre politique, et d'y laisser le système constitutionnel, qu'il se glorifiait d'y avoir établi, subir toute sorte d'alternatives et dégénérer, sous nos yeux, en république et anarchie. La reine Christine chassée, les événements de la Granja, la régence confiée à Espartero, la constitution faussée, les états de siége, le sang le plus pur de l'Espagne répandu dans des exécutions barbares, sont autant de calamités dont la responsabilité semble peser sur le gouvernement français, qui a poussé l'Espagne dans une voie qui a abouti à de tels résultats.

Les inconvénients d'un tel système, et les conséquences immédiates qui devaient en découler, M. le duc de Noailles les a

franchement signalés dans son discours du 5 janvier 1838, lorsqu'il dit :

Un ancien président du conseil a dit, au commencement de la session dernière, dans la Chambre des députés, en expliquant les motifs qui avaient fait adopter la politique qu'on a suivie :

» L'instinct qui nous a poussés à nous mêler des affaires d'Espagne était si vif, si prompt, si naturel, que le conseil dans lequel nous avons délibéré la reconnaissance du nouveau Gouvernement n'a pas duré plus de deux heures ; et nous ne nous sommes pas contentés de cette reconnaissance instantanée, nous avons dépêché à la reine d'Espagne un envoyé extraordinaire. Nous ne nous sommes pas fiés au hasard de ses paroles, nous lui avons remis des dépêches écrites, dans lesquelles nous disions que la France était prête à offrir tous les secours nécessaires, et que nous laissions la reine juge de la nature et de l'étendue de ces secours ; nous avons en outre ordonné une levée de 50,000 hommes et nous avons créé la division des Pyrénées, afin que notre intention fût bien manifeste à tout le monde. Aussi, ajoutait ce ministre, cet appui moral a produit un tel élan dans la nation, que les améliorations lentes et progressives furent abandonnées, que le ministère de M. de Zéa fut renversé, qu'on réclama l'*estatuto,* qu'enfin l'on se jeta avec la plus grande vivacité dans les plus grands changements. »

Voici donc une première conséquence constatée : c'est que l'impulsion imprimée au gouvernement espagnol par la détermination de la France, a vivement poussé l'Espagne dans les voies où elle a failli se perdre.

Mais pour justifier cette politique, le ministre ajoutait :

« Ce que nous avons fait, nous avons dû le faire, car toutes les fois qu'il y a identité entre la politique d'Espagne et la politique de France, le premier intérêt de la France est sur le Rhin ; mais toutes les fois qu'il n'y a pas identité entre la politique de ces deux États, le premier intérêt de la France n'est pas sur le Rhin, il est sur les Pyrénées. Aussi voyez la conduite de Louis XIV ! et à ce sujet, il le traitait avec un peu plus de considération que ne le faisait hier notre collègue, M. de Montalembert ; voyez la politique de Napoléon ! voyez la politique de la Restauration elle-même ! »

Ce raisonnement était parfaitement juste en théorie ; mais son auteur n'a pas vu combien il devenait faux par l'application dans la pratique, à cause de la différence des situations. Louis XIV, Napoléon, la Restauration, avaient un principe d'unité dans leur gouvernement qui n'existe pas dans le gouvernement actuel. Quel était le premier intérêt du gouvernement français après la révolution de 1830 ? C'était de comprimer le mouvement révolutionnaire qui en était sorti avec lui et qui bouillonnant au dedans comme au dehors lui était salutaire ; tout ce qui développait l'esprit révolutionnaire au dedans comme au dehors lui était funeste. Eh bien, dans ce conseil, qui n'a pas duré deux heures, la tendance révolutionnaire l'a emporté sur la tendance monarchique.

On a été séduit par l'idée d'établir au delà des Pyrénées un gouvernement comme le nôtre ; et on n'a pas vu que c'était donner un trop grand essor aux idées libérales dans un pays voisin, essor qui pouvait compromettre la consolidation et l'élévation du gouvernement nouveau en France. On n'a pas vu que l'idée de créer un gouvernement de juste-milieu en Espagne était impossible, car les éléments n'y existaient pas. On n'a pas vu que, dans l'état d'effervescence où étaient alors les esprits en Europe, pousser si vivement la nation espagnole dans les idées nouvelles, c'était la jeter dans les désordres où nous l'avons vue.

Il y avait une conduite plus prudente à suivre et plus conforme aux véritables intérêts bien entendus du gouvernement nouveau. Aussi on s'est promptement aperçu des conséquences de cette situation. Après avoir fait de grandes promesses, on a reculé devant leur exécution ; on a fait, il est vrai, un traité, point de notre propre mouvement, mais parce que nous avons su qu'un traité se négociait entre l'Espagne et l'Angleterre, et que nous avons trouvé fâcheux, dans la position où nous étions, de ne point y avoir place. Nous y avons pris place en effet et habilement, car nous nous y sommes placés de manière à annuler en quelque sorte les conséquences du traité lui-même. Aussi, quand les demandes nous furent adressées, nous les avons refusées.

Toutes les opinions en Espagne ont tour à tour, au nom du Gouvernement, demandé l'intervention ; l'Angleterre elle-même nous a sollicités à cet égard ; nous nous y sommes refusés toujours ; nous nous sommes renfermés dans notre système, assez plausible, d'appui indirect, limité aux intérêts de la France, ne devant pas pénétrer dans les affaires intérieures d'Espagne ; nous nous sommes bornés alors à notre cordon militaire, à notre ligne de douanes en dépensant beaucoup pour cette armée d'observation, et en ruinant notre commerce du midi par l'interruption des communications avec les provinces espagnoles.

Quant aux conséquences qui doivent résulter de cette position, sans parler de celles qui existent déjà, elles tendent à détruire notre influence en Espagne, soit que don Carlos, que nous aurons repoussé, y triomphe, soit que le gouvernement de la reine, que nous aurons mal servi, s'y affermisse, et nous abandonnerons notre héritage aux Anglais, qui le convoitent depuis longtemps.

Enfin, un quatrième reproche que le noble orateur faisait au gouvernement de Juillet, c'est d'avoir, en soutenant la révolution d'Espagne, fortifié l'esprit révolutionnaire en Europe, au lieu d'avoir cherché à le comprimer dès le principe :

Car il ne faut pas se le dissimuler, disait-il, le 9 janvier 1837. Cette question de la Péninsule est une question européenne. L'Europe si fortement ébranlée par les événements qui se sont accomplis en France, a besoin d'être raffermie sur ses bases. Ce n'est pas seulement par le rétablissement de l'ordre à l'intérieur du pays que ce grand œuvre peut être achevé, c'est aussi par le rétablissement à l'extérieur des principes politiques vrais, moraux, conséquents, d'accord avec les bases voulues pour le maintien de la société. Ce n'est pas tout que d'arrêter le désordre dans la rue et même de réprimer la propagande à l'extérieur. L'emploi de la force ne suffit pas pour faire rentrer dans l'esprit des peuples la pensée et le besoin de l'ordre. La société est quelque chose d'intellectuel et de moral qui tient à des principes distincts de la pure force. Il faut, de la part de ceux qui gouvernent, accord entre les idées et les faits, moralité tout à la fois dans les doctrines et dans les actions, quelque chose de clair que les peuples comprennent et à laquelle ils se confient, et quand il s'agit de gouverner une monarchie, des principes et des opinions franchement monarchiques; il ne suffit pas d'être un gouvernement de résistance; ce que la France veut, ce dont elle a besoin, c'est d'un gouvernement monarchique. La résistance n'est pas la monarchie, il ne faut pas s'y tromper. La résistance, c'est l'emploi de la force matérielle, l'usage intelligent de la force légale: mais cela ne suffit pas pour donner au pouvoir la force morale dont il a besoin; et cela ne veut point dire qu'on doive méconnaître le temps où nous sommes, et ne tenir aucun compte des grands changements qui se sont faits dans les esprits. Qui ne voit ces changements? Mais quelque grands qu'ils aient été, il y a des choses qui ne changent pas : on ne gouverne qu'à certaines conditions; et je me souviens ici des belles paroles que M. le ministre de l'instruction publique, devant qui je parle en ce moment, prononçait l'année dernière à la tribune de l'autre Chambre. « Je ne pense pas, disait-il, que le progrès d'une société consiste à avancer aveuglément et toujours dans la même voie, sans se demander si c'est la voie qui conduit la société à son bien. Quand la société est tombée dans la licence, le progrès c'est de retourner vers l'ordre. Quand la société a abusé de certaines idées, le progrès c'est de revenir de l'abus qu'on en a fait; le progrès c'est toujours de rentrer dans la vérité, dans les conditions éternelles de la société. Notre société, ajoutait-il, a besoin de trouver les principes d'ordre et de conservation qu'elle a longtemps perdus, et vers lesquels elle cherche à retourner. Le véritable progrès, c'est de la faire marcher dans cette voie dans laquelle elle est en arrière, et non de la pousser en aveugle dans les voies où elle s'est peut-être déjà trop avancée, qui la mèneraient à sa ruine et non à sa grandeur. »

Cette belle doctrine, Messieurs, ne s'applique pas seulement au gouvernement intérieur d'un état, mais aussi à la conduite de ses rapports avec les peuples étrangers. Et ici le Gouvernement doit y réfléchir, car le moment est grave. Il s'agit de savoir

s'il peut faire ce que les véritables intérêts de la France exigent; deux voies sont ou-
vertes devant lui, mais si au dedans comme au dehors il ne suivait pas, il ne pouvait
pas suivre la meilleure ; s'il restait dans des voies indécises, occupé à se débattre contre les conséquences des principes qu'il aurait pesés, il justifierait ce que plusieurs
ont dit de lui, qu'il ne suffirait pas à son œuvre ; il accuserait par là son impuissance,
l'impossibilité d'accomplir la mission qu'il s'est donnée ; il paraîtrait comme un arbre
dont la racine est séchée, et qui n'a pas en lui la source de la vie. Il est temps qu'il y
songe, les intérêts de la France l'exigent, l'Europe regarde et attend.

Le 4 janvier 1841, M. le duc de Noailles prit de nouveau la
parole sur la question d'Espagne, à propos d'un crédit de
700,000 francs, demandé pour les réfugiés étrangers. Cette fois
encore il réduisit à néant les arguments par lesquels M. le ministre des affaires étrangères chercha à légitimer la conduite
du Gouvernement dans les affaires de la Péninsule. Dans un
aperçu rapide, il répéta ce qu'il avait déjà dit, que les intérêts
de l'Espagne étaient intimement liés à ceux de la France; il
rappela les paroles mémorables par lesquelles lui et son ami
M. de Brézé, avaient prédit au Gouvernement les événements
malheureux qui devaient être la conséquence de sa conduite
indécise et irréfléchie, événements trop tôt justifiés par le traité
du 15 juillet, la chute de la régence Espagnole et la fuite de la
reine Christine à Paris. Incapable de tirer gloire d'une sagacité
qui lui fait ainsi prévoir longtemps d'avance l'issue de la funeste
conduite du Gouvernement, le noble pair, dans son patriotisme
éclairé, ne cesse d'avertir le ministère que dans la question
d'Espagne comme dans la question d'Orient, la France pourra
se trouver totalement séparée de l'Angleterre, et qu'il pourra
se faire que les puissances signataires du traité du 15 juillet, ré-
glent aussi sans elle un jour, la question Espagnole. Après avoir
une fois encore prouvé les avantages que l'Angleterre retire de
la révolution en Espagne sous le double rapport politique et
commercial, et les dangers auxquels nous expose cet état de

choses, l'orateur engage le Gouvernement à se départir de sa politique d'inaction :

Certes, dit-il, ce n'est pas là le cas de désintéresser dans la question, de ne vouloir agir, pas même indirectement, et de se retrancher dans cette politique inerte et incertaine qui nous a déjà fait tant de mal en Orient, mais plutôt de chercher s'il ne reste pas quelque ressource à notre politique, quelque moyen de rétablir notre situation en Europe pour prévenir ces dangers et sauver nos intérêts menacés. Il faut que la France n'oublie pas que dans le système général de ses alliances, l'alliance de l'Espagne lui est nécessaire ; que ce qu'il lui importe, ce n'est pas que tel ou tel gouvernement existe en Espagne, mais c'est que l'Espagne soit son alliée ; puis, que l'Espagne soit puissante et prospère, pour qu'elle lui soit une alliée utile ; puis, qu'elle soit puissante et prospère par la France en partie, et par des services qui nous seront payés en traités et en conventions avantageuses, pour que nous conservions auprès d'elle une influence grande et juste.

Dans la même séance, comme M. le duc de Fezensac se plaignait que M. le duc de Noailles n'eut par répondu à un discours qu'il avait prononcé l'année précédente et dont il venait de reproduire les arguments, M. le duc de Noailles remontant à la tribune, voulut une fois pour toutes éclaircir cette question de légitimité, au moyen de laquelle les partisans du système suivi en Espagne par la France cherchent à expliquer et à légitimer sa politique. Sans chercher à discuter la pragmatique-sanction de Philippe V, que les uns disent détruite par un décret de Charles IV rendu en 1789, et promulgué en 1830, mais que d'autres, avec plus de fondement, prétendent n'avoir pu être détruite par ce décret, puisque la délibération des cortès aurait été tenue secrète pendant 41 ans et dès lors serait irrégulière, M. de Noailles répond judicieusement que ce n'était pas au point de vue espagnol que la France devait prendre la question, mais bien au point de vue français. Après avoir démontré que la France était intéressée à empêcher tout changement dans l'ordre de succession au trône, et qu'elle pouvait l'empêcher, il re-

proche au Gouvernement d'avoir agi dans un sens contraire à
ses intérêts, et le rend responsable en partie des événements
et des conséquences que sa politique aura engendrés. Répondant ensuite à cet argument sans cesse invoqué par le Gouvernement, que la Restauration elle-même ne s'était pas opposée
au testament de Ferdinand VII, l'orateur rappelle que, dès que
ce testament fut connu, l'ambassadeur de France à Madrid
protesta de lui-même et sur-le-champ, et que si Charles X n'a
pas donné suite à cette protestation, c'est que l'expédition d'Alger ne lui permettait pas de risquer alors de se brouiller avec
l'Espagne, car il pouvait avoir besoin de ses ports ; mais que
nul doute qu'après l'expédition, le roi de France n'eût parlé à
l'Espagne un langage conforme à la dignité de sa Maison et aux
intérêts de son royaume ; que d'ailleurs ce premier testament
de Ferdinand a été annulé par Ferdinand lui-même, et que ce
n'est que sur le bord du tombeau qu'on a arraché à sa faiblesse
un autre testament semblable au premier :

Après tout, si le gouvernement actuel, laissant de côté la question de principe, et se
rejetant, d'ailleurs, comme vient de le faire le préopinant, sur ce que, plusieurs fois,
les rois d'Espagne, quoique étant de la Maison de France, se sont montrés hostiles
à la France, nous disait : « voyez le succès que nous avons obtenu, voyez quelle est
notre influence en Espagne, voyez quelle est notre prépondérance dans ses conseils
et de quelle utilité elle nous est aujourd'hui dans les affaires graves qui se passent
en Europe ! » nous n'aurions peut-être, en fait, rien à dire ; mais on est loin de pouvoir tenir ce langage, car on n'a pas répondu non plus au tableau que j'ai tracé de
la situation déplorable où nous sommes vis-à-vis de l'Espagne ; on n'a pas répondu
aux dangers que j'ai signalés et qui nous menacent de ce côté.

Non, le Gouvernement ne peut pas tenir ce langage ; on peut faire à sa politique,
vis-à-vis de l'Espagne, les mêmes reproches qu'on peut faire à sa politique vis-à-vis
de l'Orient ; c'est-à-dire que cette politique a été fausse dans son principe, mauvaise
dans son point de départ et à sa base ; mais qu'en se plaçant même à son propre point
de vue, on peut encore trouver qu'elle a été inhabile et qu'elle n'a pas su profiter
de la position qu'elle avait prise. Ç'a été en effet une fausse pensée de croire qu'il

fallait se jeter du côté de ceux qui voulaient changer l'ordre de succession ; mais une fois ce parti pris, ç'a été une faute sans doute de ne pas le suivre avec énergie, de ne pas aider plus efficacement le nouveau gouvernement qu'on voulait établir, afin de le maintenir dans des limites où on voulait le voir rester, et surtout afin de conserver auprès de ce gouvernement une influence, une prépondérance qui est une des premières lois de la politique et de la diplomatie française en Europe.

Sentinelle avancée des événements qui se préparaient en Orient, M. le duc de Noailles, qui en pressentait la gravité, avait dans plusieurs occasions, avant même que l'opinion publique s'en fut préoccupée, annoncé au Gouvernement l'importance de cette grande question, le pressant de prendre ses mesures pour n'être pas surpris par les événements. « De l'issue de » cette question, avait-il dit, le 6 janvier 1840, et de la place » que la France y saura prendre, dépend sa position en Europe » pour plusieurs siècles. » Mais malgré la sagesse de ces avertissements, les ministres français, se méprenant sur le sentiment qui les dictait au noble pair, ne formèrent aucun plan, ne s'assurèrent aucun allié, et l'on sait, lorsque cette question éclata tout-à-coup, comment ils furent surpris, et comment elle s'est terminée au détriment et à la honte de la France par le traité du 15 juillet 1840.

Dans un discours prononcé sur ce sujet six mois auparavant, le 6 janvier 1840, qui fit une vive impression sur la Chambre et sur le pays, M. le duc de Noailles prouva qu'il n'était étranger à aucune des grandes questions européennes, et révéla, dans les hautes considérations auxquelles il se livra, les lumières de l'homme politique le plus habile et le plus attentif, en même temps que les capacités du diplomate le plus consommé.

Il retraça rapidement les événements dont l'Orient avait été le théâtre pendant 10 ans; il fit pressentir leur importance dans les destinées de l'Europe et de la France en particulier, prophétisa le dénouement qui s'y préparait, condamna surtout la conduite inintelligente et indécise du gouvernement de Juillet, son inaction et sa faiblesse en présence de l'action incessante de la Russie et de l'Angleterre, lui reprocha avec raison de n'avoir su ni raffermir son influence à Constantinople, ni fonder sa prépondérance en Egypte, ni se rapprocher de la Russie, ni même s'entendre dans cette grave question avec l'Angleterre son alliée :

Ainsi, dit-il, rien avec personne, d'aucun côté : pas de plan, pas de prévision, pas de politique, pas de préparatifs, et cela en présence d'un événement immense qui s'avance à pas lents vers nous, et que chacun voit venir. Qu'est-ce donc ? est-ce incapacité de la part de ceux qui ont été à la tête des affaires depuis dix ans ? ou bien la France est-elle encore enchaînée par les événements de 1830, qui pèsent toujours sur elle, et lui ôtent la liberté de ses mouvements ? Je laisse à la Chambre à décider la question.

Après avoir examiné la conduite du Gouvernement dans cette grave question et avoir mis à nu son imprévoyance, il la résume ainsi : « Tant qu'à moi, je crois qu'on peut résumer sa conduite » en deux mots, en disant qu'il n'a véritablement eu ni politique » ni allié. »

M. le duc de Noailles examine ensuite les trois systèmes de conduite qui se sont produits dans cette question, à savoir le système turc, le système arabe et le *statu-quo*.

Il combat franchement le système turc, qui consisterait à rendre à l'empire ottoman son ancienne splendeur et son ancienne puissance, afin qu'il pût redevenir une barrière imposante contre la Russie, et faire une puissante diversion en notre faveur contre elle. Il combat ce système, parce que dans l'état d'apathie, de décroissement et de décomposition de l'empire ottoman, la réalisation de ce beau rêve est une impossibilité :

Il faut savoir, dit l'orateur, lire dans les arrêts de la destinée. La Turquie n'existe déjà plus ; et si ce n'était l'importance géographique de sa capitale, elle compterait à peine parmi les puissances de l'Europe. Nos efforts seraient donc vains ; nous armerions nos vaisseaux, nous dépenserions nos trésors, nous nous exposerions peut-être à une grande guerre, pour un résultat stérile. La Turquie ne peut plus être aujourd'hui pour nous, comme autrefois, un allié puissant et utile à cette extrémité de l'Europe.

La France n'a donc pas intérêt, à mes yeux, d'adopter cette politique.

Sans se prononcer d'une manière positive pour le système arabe, qui consisterait à soutenir le pacha contre le sultan, et à déclarer l'indépendance de l'Egypte, en créant, au profit de Méhémet, un empire arabe dont les limites seraient le Nil et le Taurus, M. le duc de Noailles croit qu'il est dans l'intérêt de la France de favoriser le plus possible le nouveau pouvoir en Egypte, afin d'y fonder notre influence dans la prévision de l'importance qu'aura un jour cette contrée, destinée à devenir, par l'isthme de Suez, le passage de l'Europe dans l'Inde; mais que ce projet cependant ne suffirait pas encore à nos intérêts, si, en même temps, dans cette grande combinaison, nous ne nous ménagions d'autres avantages sur le continent, sans lesquels nous aurions travaillé au grand accroissement futur d'une des grandes puissances, la Russie, sans compensation pour nous.

M. le duc de Noailles condamne la politique du *statu-quo*, bien qu'elle ait trouvé le plus de partisans politiques, qui consiste à poser ce principe que, quoiqu'il arrive en Orient, ce ne doit être pour personne une occasion d'agrandissement. Le noble pair attaque ce principe, et parce que l'équilibre européen ne lui paraît pas actuellement bien établi, et ensuite parce que tout ce qui affaiblit et rapetisse l'empire ottoman est un véritable agrandissement pour la Russie, Sébastopol étant à trois jours de Constantinople, et la Turquie se trouvant, par ce seul fait géographique, sous l'influence et presque sous la dépendance de l'empire russe, auquel elle serait toujours obligée de recourir, soit pour repousser une attaque extérieure, soit pour comprimer un mouvement intérieur. L'orateur repousse ensuite l'accusation d'injustice et d'immoralité dont a été frappée la pensée du partage de la Turquie. La France peut, en effet, sans être injuste ni immorale, défendre ses intérêts, en vue d'un événement probable, contre des nations rivales, et se préparer à recueillir sa part de l'immense dépouille d'un vaste empire. Ainsi, sans provoquer ces événements, la France doit se tenir prête à toutes les circonstances, et M. le duc de Noailles avait raison de reprocher au gouvernement de Juillet de n'être pas prêt, car les événements ne l'ont que trop démontré. Indiquant ensuite le plan de conduite à suivre dans ces graves circonstances, l'orateur disait :

La première chose, dans de si graves affaires, c'est d'avoir un plan arrêté et des alliés sûrs. Il ne faut pas croire qu'en présence de si graves événements, il soit temps, la veille du jour où ils éclatent, de songer au parti qu'on doit prendre. Il faut, dans des questions de cette nature, si l'on est digne de commander à une grande nation, avoir un plan longtemps arrêté d'avance, mûri dans le silence de la méditation, qu'on suit à travers tous les mouvements de la politique, changeant quelquefois de moyens et ne changeant pas de but. C'est là ce qui se fait à Londres, à Vienne, à Pétersbourg, et depuis longtemps ne se fait plus à Paris. C'est là ce qui s'est fait de tout temps dans les grandes affaires du monde. Ainsi, quand aux xvie et xviie siècles il s'est agi pour la France d'abaisser la puissance de la maison d'Autriche, le plan n'en a-t-il pas été conçu et longuement suivi à travers toutes les péripéties de notre histoire, jusqu'à ce qu'il ait été glorieusement accompli par le cardinal de Richelieu ? Ainsi, quand il s'est agi d'assurer la grandeur de la France, en assurant sa frontière des Pyrénées par notre domination en Espagne, ne sait-on pas que le plan en remonte à Henri IV, et qu'il a été l'objet constant de la politique française et de longues négociations qui, depuis peu, nous sont connues, jusqu'à ce qu'il ait été glorieusement, quoique péniblement accompli, à la fin du règne de Louis XIV ? La question d'Orient est une de ces rares questions de politique et d'équilibre européen, qui apparaissent de temps à autre dans les siècles, sur laquelle nous devrions avoir aussi une politique traditionnelle, et sur laquelle la pensée d'un grand pays doit être fixée, sous peine de déchoir dans l'échelle des peuples.

Trois mois plus tard, dans la discussion des fonds secrets,

M. le duc de Noailles reprit la question d'Orient, qu'il traita de nouveau sous toutes ses faces. Il rappela l'intérêt pour l'Angleterre et la Russie d'une alliance entre elles et du danger qui en découlerait pour nous; il reprocha au ministère de persister dans la politique qu'il avait condamnée déjà en 1840, lorsqu'il disait : « Votre politique est mauvaise; vous serez abandonnés par l'Angleterre, et si vous ne prenez les devants sur elle, vous la verrez bientôt s'allier à la Russie contre vous. » Avec ce coup-d'œil juste et pénétrant qui le caractérise, M. le duc de Noailles avait deviné l'avenir. Et, en effet, six mois après, le traité du 15 juillet alliait l'Angleterre à la Russie dans cette grande question, et nous laissait isolés. On sait quelles en ont été les conséquences. En voyant ainsi se réaliser les événements prédits par M. de Noailles, le ministère dut se reprocher de ne pas avoir suivi les sages conseils que lui avait dictés son patriotisme éclairé, et le désir de voir la France reprendre dans les destinées de l'Europe, l'influence et la prépondérance qu'elle avait sous Louis XIV et Napoléon. Espérons du moins qu'à l'avenir, cette voix puissante sera écoutée avec plus de confiance, et que ses adversaires politiques verront dans ses sages et utiles avertissements autre chose que les plaintes et les récriminations d'un esprit inquiet et mécontent.

Dans l'intervalle de ces discours, M. le duc de Noailles prononça l'éloge funèbre de M. le comte de Chabrol, ancien ministre de Louis XVIII et de Charles X. Ce discours, à la fois politique et littéraire, admirable morceau d'éloquence, modèle parfait de l'art de bien dire, où l'élévation des pensées le dispute à la noblesse du langage, eût suffi pour faire à M. le duc de Noailles la réputation de brillant orateur, de penseur profond. Jamais carrière n'a été mieux comprise, plus éloquemment retracée que celle de cet homme d'état, qui a traversé une des époques les plus difficiles de la monarchie, sans avoir laissé perdre dans le maniement des affaires la plus petite partie de cette considération que ses ennemis politiques lui accordaient eux-mêmes. L'orateur, dans ce discours, s'est proposé deux objets : peindre l'honnête homme dans les affaires publiques, et caractériser l'opinion monarchique constitutionnelle, appelée Centre Droit, sous la Restauration. Nous trouvons, dans son exorde, le premier de ces deux objets noblement et chaleureusement énoncés.

Parmi toutes les illustrations et toutes les gloires que chaque âge voit éclore, au milieu surtout de l'éclat que jettent ces époques rares et fécondes, où la société, profondément remuée en elle-même, permet au génie de se faire jour de toutes parts, met en lutte les passions les plus vives et les intérêts les plus divers, élève et renverse les fortunes, crée et détruit les célébrités, il est une gloire durable, parce qu'elle n'est pas contestée, envers laquelle les passions elle-mêmes sont justes, et qui reluit comme une lumière pure au milieu de tant de brillants météores, c'est celle de l'honnête homme dans les affaires publiques.

Il n'a besoin ni d'éclat ni de prestige pour s'attirer les hommages des peuples ; il ne lui faut ni la gloire des combats, ni les triomphes de l'éloquence, ni les prodiges de la politique, qui quelquefois étonnent et changent le monde ; mais le mérite modeste, la probité sévère, la religion de la conscience, l'unique occupation du bien public, le parfait désintéressement de soi-même, l'indépendance et la fermeté, et ce je ne sais quoi d'honnête et de loyal qui respire en sa personne, lui élèvent dans l'estime des hommes un trône qui ne sera point renversé, parce qu'il honore le Gouvernement lui-même, et inspire le respect pour l'autorité.

Tracer un tel portrait, Messieurs, n'est-ce pas tracer celui d'un de nos plus honorables collègues, M. le comte de Chabrol, que la mort nous a enlevé il y a quelques mois, quand nous devions espérer de pouvoir jouir encore longtemps de la douceur de son commerce et de la sagesse de ses conseils ? Vous vous souvenez tous de cet esprit prudent et réfléchi, de ce caractère conciliant et doux, de cette raison consciencieuse et éclairée qui lui avaient acquis tant de considération et d'estime ; et surtout de cette modestie et de cette simplicité dont il enveloppait tant de vertus, comme s'il eût ignoré lui seul un mérite que tout le monde reconnaissait. Toujours indépendant dans ses opinions, toujours grave dans les affaires, toujours modéré dans ses discours, il prenait sur les esprits l'ascendant que la raison lui donnait. Dans sa vie privée et dans sa vie publique, tout fut également éloigné des extrêmes et réglé par la sagesse. Elevé par son mérite aux plus hauts emplois, où il laissa la réputation d'un administrateur si intègre et si éclairé, sa modération le maintint toujours au-dessus de sa fortune, et l'ambition ne l'éblouit jamais; aussi, il sut porter le poids des affaires, il sut également les quitter, et montrer par deux fois, en rentrant volontairement dans la solitude, la supériorité que la douce satisfaction de la conscience donne à l'homme de bien, dans cette épreuve si hasardeuse pour les hommes d'état, qui voient trompées le plus souvent, dans le vide et l'ennui de la retraite, les espérances de repos dont elle les avait flattés. Mais ce qui formait, ce semble, le trait principal de son caractère, c'était la modération, cette éminente vertu que la politique, on l'a déjà dit, emprunte à la morale, si nécessaire après les troubles et les révolutions, si propre dans un régime de liberté à gouverner en conciliant, et qui sait, ce qui est si difficile. garder la mesure dans le bien.

Quant au Centre Droit, dont les principes et les intentions ont pu être mal interprétés; dont les services, qu'il rendait par son intelligence, sa modération et sa vigilance, ont pu être méconnus, mais pour qui cependant commence à luire le jour de la justice, il est clairement et franchement dessiné dans ces paroles du noble orateur :

Dans le temps où nous vivons, les événements sont si rapides et les changements si soudains, que nous avons ce privilége, chèrement acheté, de pouvoir porter un jugement libre et vrai sur de grandes époques historiques que nous avons vues naître et s'achever sous nos yeux, et qu'après avoir été contemporains et acteurs de ces grands événements, nous nous survivons, pour ainsi dire, et nous sommes à nous-mêmes, en quelque sorte, notre postérité.

La République, l'Empire, la Restauration, ces trois grandes phases d'un siècle qui fournira les plus étonnants spectacles à l'histoire du monde, peuvent être appréciés par nous-mêmes avec la vérité des témoins oculaires et l'impartialité qu'on a d'ordinaire pour les temps qui ne sont plus. La Restauration elle-même, malgré les passions à peine appaisées, voit arriver le jour de la justice pour elle, et à mesure que la poussière qui s'est élevée de l'écroulement de l'édifice retombe, la lumière revient et permet de juger ce que valait ce gouvernement que quelques jours ont détruit, ses bienfaits et ses fautes, ses vertus et ses entraînements, et, je ne crains pas de le dire, sa grandeur à travers ses faiblesses. S'il a eu ses erreurs et ses jours difficiles, le pays se ressouviendra pourtant de la prospérité dont il a joui alors, des libertés que la

Charte lui avait données, et auxquelles, malgré l'élan d'un mouvement populaire, rien n'a pu être ajouté depuis; de la sécurité enfin à l'abri de laquelle s'élevèrent tant de rapides fortunes, tandis que trois expéditions brillantes, jusque-là par nul autre accomplies, la prise de Cadix, la liberté rendue à la Grèce et la conquête d'Alger, honoraient sans la troubler cette paix à laquelle on devait tant de biens.

Mais de la liberté recouvrée naquirent des luttes ardentes entre les esprits. Toutefois, au milieu des partis extrêmes qui, poussant la Restauration dans des voies opposées, la détournaient de la mission qu'elle avait reçue, il est une opinion à laquelle de toutes parts on rend justice et hommage, et dont M. de Chabrol était une des expressions les plus vraies; c'est cette opinion intelligente et modérée qui était sincèrement attachée à la monarchie, et cherchait, dans la fidélité aux vrais principes de gouvernement, la résistance aux systèmes trompeurs et aux doctrines erronées qui devaient jeter la société dans la confusion; mais qui, en même temps, avait l'intelligence du temps actuel, des changements qui s'étaient faits dans les esprits, des concessions qu'ils exigeaient, et de la puissance qui en était née; qui n'ignorait pas qu'il y a en politique une question qui domine celle de savoir ce qui est bien, c'est celle de savoir ce qui est possible; qui se persuadait qu'entre tant de difficultés, la plus grande habileté était la franchise, et qui avait su comprendre et admettre le gouvernement représentatif dans sa vérité; qui enfin, au milieu de tant d'opinions diverses qui tendaient à détruire, ou à exagérer ou à compromettre l'autorité royale, pouvait être justement regardée comme la raison gouvernementale du temps. On voit cette opinion se former dès l'origine de la Restauration, et depuis on la voit grandir chaque jour, opposée tour à tour aux envahissements qui menaçaient la monarchie elle-même, et aux dangers qui naissaient de ses propres triomphes; se recrutant de plus en plus dans l'un et l'autre de ces deux camps qui s'étaient d'abord regardés en ennemis, et se grossissant surtout de tout ce qu'il y avait d'éclairé dans les générations nouvelles qui s'élevaient dans l'esprit des temps nouveaux et à l'ombre des libertés que la monarchie avait données à la nation. Il ne fallait que du temps, peut-être, pour que la nation tout entière se rangeât sous ce même drapeau.

Il est permis, sans doute, Messieurs, d'honorer ici cette opinion modérée et vigilante dont la chambre des pairs a, pendant ces quinze années, été le plus éclatant modèle; car si le mouvement confus qui nous emporte aujourd'hui pouvait laisser quelques instants pour se souvenir, on pourrait appeler avec orgueil, dans cette enceinte, les nobles efforts que la chambre des pairs a faits dès les premiers temps, et toujours depuis avec constance, pour maintenir le Gouvernement dans cette voie salutaire. La monarchie fut-elle menacée par l'abus des concessions et des garanties qu'elle avait jetées à pleines mains? Cette assemblée crut indiquer la source du mal dans une proposition célèbre, dont le Gouvernement lui-même fit plus tard l'application, et qui tendait à remettre le système électoral plus en harmonie avec les conditions de la monarchie. La monarchie raffermie, et abusée par ses propres succès, se laissa-t-elle entraîner dans une route où la nation ne voulait évidemment pas la suivre? c'est d'ici que vint une résistance respectueuse, qui, au milieu des applaudissements du peuple, alla jusqu'aux pieds du trône porter d'utiles avertissements. Noble institution, qui tirait sa puissance de la vie qu'elle tenait d'elle-même, et où tout ce que les temps divers avaient produit de plus illustre et de plus éclairé venait, comme de soi-même, prendre sa place. On peut dire à ceux qui, tout en voulant conserver au pays les institutions pour lesquelles ils avaient couru aux armes, ont dénaturé et affaibli cette institution puissante, n'obéissant qu'à une humeur jalouse, ou plutôt parce que les premières bases étaient une fois remuées, on ne s'arrête plus, on peut leur dire qu'ils n'ont pas su ce qu'ils faisaient. Mais il est glorieux pour M. de Chabrol de pouvoir être cité, en même temps qu'un corps si célèbre, comme l'expression individuelle la plus vraie de cette opinion modérée si salutaire.

Après avoir, dans un aperçu rapide, raconté les efforts constants de M. de Chabrol, au milieu des crises de la Restauration, après nous l'avoir montré opposant tout le poids de son influence aux mesures funestes et inconsidérées qui compromirent et qui devaient finir par renverser un trône auquel il était sincèrement dévoué, l'orateur, dans un mouvement où les regrets et le désespoir semblent se taire devant les décrets de la Providence, continue en ces termes :

Ce serait le cas, sans doute, de s'écrier avec Montesquieu : « C'est ici qu'il faut se donner le spectacle des choses humaines! » car je ne sais si jamais l'histoire a rien offert de plus extraordinaire que ce qui s'est passé alors sous nos yeux. Certes, nous pouvons dire qu'aucun temps, plus que le nôtre, n'aura été fécond en graves sujets de méditation et d'enseignement ; soit qu'on aime à reconnaître, dans les changements inouïs qui se succèdent, la main de la Providence, qui conduit le monde, à travers les efforts des hommes, vers un but qu'ils ignorent eux-mêmes; soit que dans ces grands spectacles on cherche à étudier les causes prochaines et les ressorts humains par lesquels s'établissent et se ruinent les empires. Ces deux causes agissent à la fois; car si, en présence de l'histoire du genre humain tout entier, on ne peut s'empêcher de reconnaître que la société dans sa marche obéit à une loi morale et cachée, comme les astres dans leur cours obéissent à une loi physique qu'ils ignorent, d'un autre côté on reconnait bien la part d'action qui est laissée au génie de l'homme dans sa propre destinée. Sans doute les événements s'accomplissent selon la loi générale que la Providence a établie, mais aux hommes appartient le pouvoir d'en régler, en quelque façon, la marche; sans doute la société, qui se modifie sans cesse, est poussée par la main de Dieu vers le but qu'il a marqué, mais lorsqu'il se trouve des mains habiles pour la conduire, elle y descend par des pentes adoucies et des chemins faciles, tandis que, lorsque ces mains manquent, elle y est précipitée à travers des abîmes. C'est ainsi que la vertu, la sagesse et la liberté ont leur action sur la terre, et qu'il a été laissé à l'intelligence et à la raison humaine l'empire qui leur a été promis.

L'orateur, sans s'arrêter aux motifs qui précipitèrent Charles X dans l'abîme, où furent brisés un sceptre et une couronne que 800 ans de grandeur et de gloire ne purent sauver, s'attache à laver le Gouvernement du reproche de préméditation dans l'acte qui lui fut si funeste à lui-même, et passe en revue les principaux actes qui marquèrent cette dernière période de l'administration de M. de Chabrol, qui, malgré les préoccupations du ministère, ne se montra pas moins attentif aux intérêts matériels du pays, base certaine de la sécurité du trône. Il dit ensuite comment, dans la prévision des conséquences où allait entraîner ce parti dans lequel on s'engageait, il eut le courage de dire au Roi que son devoir envers le pays et la couronne ne lui permettait plus de le servir :

A partir de ce moment, dit-il, M. de Chabrol fut étranger à tous les événements qui suivirent ; il s'éloigna de la cour profondément triste et alarmé sur le sort même de a monarchie et sur les événements qui se préparaient, mais sans puissance pour les conjurer, et n'ayant plus, pour me servir ici des expressions de Bossuet, « qu'à con» sidérer de quel côté tomberait ce grand arbre ébranlé par tant de mains et frappé » de tant de coups à sa racine. »

L'arbre est tombé ! et le sol français, le sol entier de l'Europe retentit encore de sa chute ! Au moment de cette violente secousse, qui renversait un trône et en élevait un autre sur ses débris, M. de Chabrol n'hésita pas un instant sur le parti qu'il avait à prendre; il avait une trop haute idée des devoirs du citoyen pour abandonner, dans un moment si critique, où tout pouvait être compromis à la fois, le poste qui lui appartenait au milieu de vous ; et, sans rien oublier de la reconnaissance et de l'attachement que de longs services et une touchante bonté avaient gravés dans son cœur pour des Princes malheureux, sans rien perdre enfin de ces nobles sentiments que respectent ceux-là mêmes qui ne les partagent pas, sa conscience d'honnête homme lui dit qu'il se devait à son pays dans l'exercice du droit qu'il avait de siéger dans cette enceinte. Il ne se cachait point la gravité des événements ; il craignait, disait-il, que les conséquences de la révolution de Juillet ne fussent plus grandes qu'elles ne paraissaient l'être, et que son cours enfermé dans un lit régulier et paisible ne minât plus de terres qu'un torrent furieux. C'était une raison de plus pour lui de ne pas s'isoler dans les destinées de son pays, et plus il voyait le mal, sans désespérer du salut, de s'y opposer autant qu'il lui appartenait.

M. le duc de Noailles termine son discours par ces paroles, où domine, avec un juste sentiment d'orgueil national, une noble confiance dans les hommes et les choses qui doivent guider les destinées de la France vers un avenir de prospérité, de grandeur et de gloire :

M. de Chabrol, sans être placé au premier rang, auquel sa modestie ne prétendit jamais, peut être cependant compté au nombre des hommes remarquables que la Restauration a produits, et qui l'honoreront dans l'histoire ; caractères élevés, brillants orateurs, ministres habiles, légistes profonds, administrateurs éclairés. Plusieurs déjà sont descendus dans la tombe ; d'autres, surpris par la dernière tempête, ont été jetés sur le rivage, ou vivent retirés sous la tente ; quelques-uns figurent encore aujourd'hui, et nous avons la consolation d'en compter dans cette assemblée. Espérons que dans l'ère nouvelle où nous sommes entrés, la fortune de la France, dont la gloire à toute époque nous est chère, fera sortir de son sein une génération nouvelle d'illustrations et de nobles renommées, qui montrera que, quels que soient les temps, la source n'en tarit point parmi nous.

Le projet de loi sur les fortifications, ce projet si contraire aux véritables intérêts de la France, ne pouvait être soumis à la sanction de la Chambre des pairs, sans que M. le duc de Noailles le combattît. Le discours qu'il prononça en cette circonstance, peut être, avec raison, considéré comme un des plus beaux qui aient été prononcés dans les deux Chambres, sur cette grave question. M. le duc de Noailles s'y montra dans toute la puissance de son talent, non-seulement comme orateur, mais encore comme homme politique. Il traita cette question sous toutes ses faces; sous le rapport financier d'abord, et, sous ce rapport, il a démontré que ce projet serait funeste pour l'Etat, eu égard à la situation critique de ses finances, dont il a signalé le déficit énorme; il a désigné les diverses branches de l'administration qui réclamaient des améliorations bien autrement utiles et importantes que cette enceinte de bastions, qui doivent entraîner des dépenses, dont il serait impossible de fixer les limites :

On a donc eu raison de vous dire, Messieurs, disait-il, que non-seulement votr projet était ruineux pour nos finances, mais qu'il nous laissait en infériorité sur mille points, vis-à-vis des autres puissances. Aussi ne croyez pas, comme vous vous en flattez, leur imposer par votre entreprise et vous faire craindre d'elles. Elles doivent s'applaudir, au contraire, de vous voir user ainsi toutes vos ressources dans de travaux si stériles, et vous enlever à vous-mêmes les moyens de leur faire redouter hez elles votre puissance et votre force.

Abordant ensuite les conséquences d'un tel projet, l'orateur dit qu'il va changer le caractère de Paris, « cette capitale de la
» civilisation, cette cité du luxe et des plaisirs, ce centre brillant
» des arts, des lettres et des sciences; qu'il portera un coup fu-
» neste à la richesse de Paris, et de ses environs, en frappant de
» mort, non-seulement les terrains soumis aux servitudes mili-
» taires, mais encore ces maisons et ces jardins de luxe qui vont
» perdre toute leur valeur, parce qu'ils se trouveront sous le
» canon de la muraille et des forts. »

Mais de toutes les conséquences, la plus funeste pour la France, et celle sur laquelle le noble pair s'attache le plus, c'est l'excès de centralisation de Paris. Il prouve que le projet doit aggraver ce fait, déplorable à constater, que Paris, aujourd'hui, est tout en France, que la vie entière des provinces s'y est retirée, et que le devoir du Gouvernement serait de travailler à corriger ce que l'excès de centralisation a de fâcheux et de funeste.

L'orateur, envisageant le projet, sous le rapport de la liberté, n'hésite pas à dire les craintes qu'il lui inspire à ce sujet :

La liberté, dit-il, peut n'être point directement menacée par ce projet; mais ce qui en résultera, c'est évidemment une puissance militaire plus grande dans la main du Gouvernement; c'est une garnison plus nombreuse et plus isolée autour de Paris; c'est, dans l'esprit du prince, une idée exagérée de sa puissance qui peut lui donner le désir d'en faire usage; c'est une exaltation plus grande de l'esprit militaire; c'est une impression morale résultant de cet ensemble et agissant sur la population elle-même; c'est enfin une préparation éloignée, non pas au renforcement du pouvoir monarchique, mais à l'établissement du pouvoir militaire; c'est un moyen plus puissant, sans doute, de réprimer le désordre, mais, après la victoire, une tentation plus grande aussi de la conserver par le despotisme permanent.

Vous me direz que le pays n'en est point ému. Il se peut, en effet, que cette loi ne l'alarme point, et ne l'ait point tiré de cette langueur où l'a jeté la fatigue de tant de secousses, de révolutions, de déceptions qui, depuis cinquante ans, l'ont coup sur coup accablé; mais ce qui vous rassure peut en alarmer d'autres. La tyrannie, a dit Montesquieu, commence toujours par le sommeil. Pour ceux qui ont pris au sérieux la liberté dans ce pays, et l'ont crue compatible avec les conditions de la monarchie, de l'autorité respectée, de la hiérarchie sociale, et voient aujourd'hui tant de périls pour cette liberté même dans le nivellement complet, le fractionnement, l'individualisme de la société en France, où à la place des grands corps, gardiens des droits et des franchises, il n'y a plus que des partis qui se subdivisent eux-mêmes, se contredisent, se démentent, se dissolvent; où tous les pouvoirs secondaires et locaux ont disparu, où toutes les existences se rapetissent, où les intérêts matériels absorbent, où tant de causes enfin semblent préparer, sans qu'on sans doute, l'avenir d'un despotisme déguisé; pour ceux-là, il y a quelque chose de mystérieux et de redoutable dans ces forts et ces bastions qui, tout à coup, sortent de terre et s'élèvent silencieusement autour d'un peuple insoucieux et distrait, qui pourrait bien un jour se croire assez de liberté, pourvu qu'il en entendît seulement le nom.

Puis, ce qui est un témoignage de la loyauté du caractère du noble pair, et ce qui devrait suffire pour détruire cette allégation qu'il fait au Gouvernement une opposition systématique, il signale les dangers qu'il y aurait, si, dans une insurrection, les factieux parvenaient à s'emparer des fortifications.

Après avoir ainsi développé les conséquences désastreuses de ce projet de loi, M. le duc de Noailles aborde l'objet principal d'une telle mesure, la défense de Paris; et il prouve que les fortifications sont inutiles et inefficaces pour cet objet; inutiles, parce qu'une coalition ne se formera pas pour attaquer Paris, ainsi que le dit judicieusement le noble pair dans ces passages de son discours :

Mais, Messieurs, et c'est par là que j'aurais dû peut-être commencer, avant de jeter notre pays dans cette entreprise colossale et ruineuse, la première chose n'est-elle pas de se demander si elle est bien nécessaire et si elle peut jamais être utile?

Nous l'avons dit : pour que Paris fût réduit à la nécessité de se défendre, il faudrait qu'une coalition européenne se formât de nouveau contre la France.

Or, je dis que cette coalition est impossible, à moins que nous ne la formions nous-mêmes ; second motif que j'ai annoncé pour démontrer l'inutilité de vos fortifications.

J'ai dit en commençant, Messieurs, que l'époque de 1814 et 1815 était une lamentable exception dans notre histoire, qui ne devait pas se renouveler. Il faut, en effet, bien des siècles avant de voir se reproduire un de ces génies de la guerre et des conquêtes, tel que nous l'avons vu, pour qui le monde n'est pas assez vaste, et qui, à force de le conquérir, de le dompter, de le fouler, pour ainsi dire, aux pieds, l'oblige enfin à se soulever tout contre lui, tremblant même encore au moment où il l'écrase de son poids immense, que le géant ne se relève et ne le renverse! Il n'y a donc rien à prévoir pour le retour de ces temps prodigieux, non plus que pour ceux de César et d'Alexandre.

Je dis donc que la coalition européenne est impossible à former entre nous, excepté dans un seul cas, celui où nous la formerions de nos propres mains, c'est-à-dire celui où la révolution violente, et se jetant au dehors, ce qu'elle ne manquerait pas de faire, si elle éclatait violemment au dedans, effacerait entre les puissances tous les intérêts opposés qui les divisent, pour les réunir dans un sentiment commun de défense personnelle contre nous.

Jetez un coup d'œil rapide sur l'état du monde! Où est l'intérêt unanime qui pourrait le coaliser pour l'anéantissement de la France? Que d'intérêts divergents, au contraire, empêcheraient les puissances de s'allier dans un but pareil, et font que l'existence forte et respectée de la France est un élément nécessaire à la prépondérance de chacune d'elles !

La Russie est la rivale de l'Angleterre en Asie, la rivale de l'Angleterre dans la Méditerranée, sa rivale même sur le continent ; car ces deux colosses, se sentant grandir partout, se mesurent partout du regard, et la Russie sait bien où serait sa force contre l'Angleterre ; c'est la pensée qui est née sur le bateau de Tilsitt, et cette pensée, il ne l'a pas engloutie.

L'Autriche est française contre la Prusse, qui, peu à peu et sans bruit, la supplante dans la domination de l'Allemagne, dont elle menace de saisir bientôt le sceptre.

La Prusse est française contre l'Autriche et l'Angleterre. C'est une avant-garde russe ; mais elle médite pour elle-même un grand avenir ; et si la France était anéantie, elle serait absorbée par la Russie ou détruite par l'Autriche. La Confédération Germanique n'a-t-elle pas tout à perdre par les charges de la guerre, et rien à gagner à une coalition contre la France?

L'Angleterre elle-même, enfin, notre rivale partout, qui partout veut nous amoindrir, parce que nous seuls lui disputons l'approvisionnement du monde, l'Angleterre a besoin de nous comme de son levier sur le continent, parce qu'elle y a d'autres rivaux que nous.

Vous le voyez donc, la coalition est une chimère, et la véritable fortification de Paris, c'est l'équilibre européen lui-même.

. . . .

La coalition que vous redoutez ne peut avoir lieu que contre la révolution armée et conquérante, menaçant tous les trônes, tous les intérêts, et la France alors, sans doute, pourrait y périr ; mais ce ne sont pas vos fortifications qui la sauveraient, et c'est la révolution qui l'aurait tuée !

L'orateur prouve, non moins péremptoirement, que cette mesure sera inefficace, et que Paris assiégé ne pourrait pas se défendre, parce que Paris ne pourrait être assiégé qu'après que les armées de la France auraient été anéanties dans des batailles; parce que, quelque immenses que pussent être les approvisionnements, ils ne pourraient l'être assez pour fournir pendant longtemps aux besoins d'une population de treize cents mille personnes; parce que, pour contenir cette population, il faudrait, au moins, une garnison de 60 à 80 mille hommes; or, cette garnison serait impossible à avoir, si les armées avaient été détruites.

Lé dernier grand discours, prononcé par M. le duc de Noailles, est relatif au droit de visite. Cette question qui, dans l'état où elle fut présentée et défendue, ne tendait à rien moins qu'à proclamer la souveraineté des mers en faveur de l'Angleterre, souleva l'indignation de tous ceux qui sont jaloux de l'honneur et de la dignité de notre pays, et M. de Noailles, qui ne fut jamais sourd à ces deux sentiments de l'esprit national, fit entendre à cette occasion des paroles qui l'honoreront à jamais. Il a pris de nouveau l'occasion de défendre la liberté des mers, gravement compromise, quoique d'une manière indirecte, dans cette question, contre la domination maritime de l'Angleterre, but constant de ses efforts, et a indiqué un motif très-raisonnable et très-suffisant, de demander à l'Angleterre de revenir sur ces conventions, motif puisé dans le traité qu'elle a conclue, en 1842, avec les Etats-Unis.

Doué d'une grande aptitude pour les affaires, fort d'une expérience acquise dans la méditation et le travail, M. le duc de Noailles n'est étranger à aucune question de quelque nature qu'elle puisse être ; aussi, depuis 14 ans, il n'en est pas d'un peu importante qu'il n'ait traitée avec talent ; et si le succès n'a pas toujours couronné ses efforts, c'est que dans l'état actuel des choses et la composition de la Chambre des pairs, il n'y avait pas pour ses principes les éléments d'un triomphe ; mais toujours, on peut le dire, il a été écouté avec le respect que commande un grand talent, un caractère noble et loyal, une conviction profonde. Combien n'est-il pas à regretter que des malheurs de famille, qui l'ont cruellement atteint, l'aient tenu éloigné de la tribune, dans la grande discussion qui a eu lieu cette année sur l'instruction secondaire et la liberté de l'enseignement ! Pour ceux qui connaissent les tendances de son esprit, il n'est pas de doute qu'il n'eut jeté, sur cette question si palpitante d'intérêt, de vives lumières. Espérons que la session prochaine le comptera parmi les athlètes courageux qui, bien que souvent sans succès, montent sans découragement sur la brèche toutes les fois qu'ils doivent y défendre les intérêts réels du pays !

Ici se terminera, pour nous, la carrière parlementaire de M. le duc de Noailles; la rapide et imparfaite appréciation que nous en avons faite suffit pour montrer combien elle a été remplie noblement. Jeune encore, et à cet âge où les plus grandes réputations commencent à peine, il se trouve haut placé dans l'estime et la considération non-seulement des hommes qui partagent ses sentiments et son opinion, mais encore du pays tout entier. Les discours dont nous avons donné l'analyse et surtout les citations que nous en avons faites, font assez connaître les principes et le talent de leur auteur. Esprit réfléchi, positif et politique, s'élevant d'ordinaire aux vues générales dans les questions, les traitant et les envisageant, comme sa conduite le prouve, avec une grande liberté et une noble impartialité de jugement. On a vu qu'il s'était fait une loi de ne laisser passer aucune grande question sans la traiter, mais il ne prend pas assez la parole sur les choses secondaires. Si, dans ses professions de foi, il s'est montré le partisan sincère, le défenseur zélé des principes monarchiques et aristocratiques, il a fait preuve en même temps de patriotisme, car tout en déclarant qu'il ne reniait ni ses traditions anciennes, ni ses sentiments personnels, qu'il ne croyait pas incompatibles avec ses devoirs nouveaux, il a dit et prouvé qu'il ne leur sacrifierait jamais ni le repos, ni le bonheur, ni l'indépendance de la France. Il est du petit nombre de ces hommes qui envisagent les questions de trop haut, pour qu'on puisse les accuser de faire au Gouvernement une opposition systématique. De tels moyens répugnent à la franchise, à la loyauté d'un homme consciencieux et droit, qui à l'habitude de penser tout haut. Sans doute le noble pair a défendu avec persévérance le principe de l'hérédité de la couronne, comme il a défendu celui de la pairie, mais c'est parce que, dans sa conviction, la légitimité était le port où la France avait trouvé le bonheur, le calme, la prospérité, la considération qui depuis 14 ans sont perdus pour elle.

Son rôle, d'ailleurs, dans le parlement, ne pouvait pas être autre qu'il a été. Son nom et les traditions de sa famille lui imposaient des devoirs avec lesquels il ne pouvait transiger. Il ne pouvait pas, le lendemain de la révolution de Juillet, abandonner la branche aînée, et oublier les bontés qu'elle a eues pour ses ancêtres. Il ne le pouvait même pas, à défaut de toute sympathie, car, dès le principe, ce grand événement avait pris un caractère révolutionnaire qui devait trop blesser les principes et les idées de M. le duc de Noailles, et devait le ranger, au contraire, de suite, dans une opposition monarchique nettement et courageusement exprimée. Ce rôle une fois accepté, il l'a noblement et intelligemment rempli. On a pu apprécier la nature de cette opposition toujours fondée sur les intérêts du pays, tendant toujours à éclairer la nation sur le vrai caractère et les conséquenses des événements et des doctrines dans lesquels on l'entraînait, portant toujours sur de grandes questions d'intérêt public, et y approfondissant les vrais principes de Gouvernement. Ferme et modéré dans son langage, M. le duc de Noailles, tout en faisant entendre au pays et au gouvernement des vérités souvent sévères, ne compromit jamais, par des plaintes ou des récriminations amères ou passionnées, les intérêts de la société si fortement engagée dans tous ces événements, et ne poussa jamais l'opposition contre le Gouvernement au point d'exposer l'ordre public et les principes gouvernementaux qui ne pourraient périr qu'au détriment de tous.

M. le duc de Noailles n'est pas seulement à nos yeux un des hommes politiques les plus sérieux et les plus influents du parti légitimiste, un des orateurs les plus éloquents, un des membres les plus éminents et les plus considérables de la Chambre des pairs, il représente encore et personnifie une opinion qui devient chaque jour plus nombreuse et plus puissante, et dont, nous osons dire, aucun gouvernement jaloux de sa stabilité ne peut longtemps se passer. Ces hommes, placés dans les régions les plus élevées de la société, par leur nom, leur fortune et leur intelligence, ont dans un état une importance immense, parce qu'ils en sont les soutiens naturels ; et un gouvernement intelligent devrait comprendre que ces hommes renferment en eux les éléments d'un véritable et puissant parti conservateur, d'une représentation nationale noble et forte, de la restauration de la monarchie représentative, et enfin de l'ordre, de la liberté, de la force de l'état comme de la grandeur, de la puissance, de la prospérité de l'honneur et de la dignité du pays. Espérons donc que les circonstances ramèneront M. le duc de Noailles aux affaires et aux grands emplois auxquels il est si propre ; il est à regretter, en effet, que les hautes positions sociales, les grands propriétaires en soient écartés longtemps ; car il y a là une force sociale dont la coopération est bien nécessaire pour sauver le vaisseau de l'État des écueils qui bordent sa route.

En attendant qu'il soit appelé à ces emplois, le noble pair occupe ses loisirs par des travaux littéraires sur le grand règne de Louis XIV ; ces travaux historiques, puisés à des sources certaines, auront le plus grand intérêt, malgré tout ce qui a été écrit sur cette époque la plus mémorable de la monarchie française. Dans un fragment imprimé et distribué à quelques amis, et qui a pour objet l'histoire de la maison de St-Cyr, fondée par madame de Maintenon pour l'éducation des demoiselles nobles.

nous avons trouvé des renseignements infiniment précieux, qui nous font désirer vivement la publication de l'ouvrage dont il est extrait. Nous y avons remarqué les mèmes qualités que dans ses discours; pureté de style, clarté et lucidité de narration, heureux choix d'expressions, et puis, ce qui est plus précieux, parce que c'est plus rare, quelque chose de je ne sais quoi de noble et de grand qui décèle l'homme de grande maison; nous en citerons deux passages : le premier sur la première représentation d'*Esther*, et le second sur la chute de cette maison qui s'écroula avec la monarchie dans la révolution française :

Madame de Maintenon, tout en faisant de la piété la base principale de l'éducation, ne pensait pas que les agréments du corps et de l'esprit dussent être négligés, et les représentations dramatiques qui peuvent servir à donner de la grâce, à orner la mémoire et à former une bonne prononciation, lui parurent un divertissement utile et agréable qu'il était bon d'autoriser. On se rappelle sur-le-champ, que c'est à cette idée que nous devons *Esther* et *Athalie*, et cela seul suffirait à faire bénir sa mémoire. Madame de Brinon avait déjà fait déclamer d'anciennes tragédies sur des sujets pieux, dont les vers étaient détestables. Elle en avait composé elle-même, qui, malgré l'esprit qu'elle avait, n'étaient pas meilleures. Madame de Maintenon, pensant qu'en chaque chose il faut toujours prendre ce qu'il y a de mieux, crut qu'il n'y aurait pas d'inconvénient à faire jouer aux demoiselles quelques-unes des pièces de Corneille et de Racine. Mais elle s'aperçut bientôt, par la manière dont les demoiselles jouèrent d'elles-mêmes leurs rôles, qu'elles entraient trop bien dans l'esprit des personnages, et que les sentiments dont elles s'y pénétraient pouvaient s'accorder mal, dans ces jeunes cœurs, avec l'esprit de piété et de vertu qu'on cherchait à leur inspirer.

« Nos petites, écrivit-elle à Racine, viennent de jouer votre *Andromaque*, et l'ont » si bien jouée, qu'elles ne la joueront plus, ni aucune de vos pièces.» Elle le pria de lui faire quelque espèce de poème moral ou historique, mais dialogué, et dont l'amour fut entièrement banni. Cet ouvrage pouvait être impunément contre les règles, Il resterait enseveli à Saint-Cyr. Il suffisait qu'il instruisît et amusât des enfants.

Racine, qui, depuis douze ans, avait renoncé au théâtre, se réveilla comme en sursaut de son long sommeil, à l'âge de quarante-huit ans; et cédant facilement à une demande qui le ramenait à ses anciens penchants, sans contredire les sentiments

qui l'en avaient éloigné, « il se jeta dans une nouvelle et immense carrière qu'il
» parcourut en deux pas : *Esther* pour son coup d'essai, *Athalie* pour son coup
» de maître *. » Le sujet d'*Esther* lui parut tout d'abord propre à remplir les vues de
madame de Maintenon, et il lui en apporta bientôt, non-seulement le plan (car il avait
coutume d'écrire ses pièces en prose, scène par scène, avant d'en faire les vers) mais
le premier acte tout fait.

Madame de Maintenon en fut charmée. Sa modestie ne pût l'empêcher de s'y
reconnaître. Vhasti avait ses applications, Aman avait plusieurs traits de ressem-
blance, et l'histoire d'*Esther* convenait parfaitement à Saint-Cyr. Les chœurs
que Racine, à l'imitation des Grecs, avait toujours voulu remettre sur la scène,
s'y trouvaient naturellement placés, et il était ravi de cette occasion d'en donner le goût. Boileau, redoutant cette entreprise pour la réputation de son ami, l'en
avait d'abord dissuadé, mais il l'encouragea vivement quand il en vit le plan achevé.
Au point de vue où Racine était placé, on ne peut, en effet, qu'admirer le parti qu'il
sût tirer de ce gracieux épisode de la Bible et tout l'esprit qu'il mit dans cette composition. Il ne faut pas y chercher rigoureusement toutes les conditions dramatiques auxquelles on n'avait point voulu s'astreindre, et on ne doit pas l'oublier, quand on veut
juger le mérite de l'ouvrage en lui-même. *Esther* ne fut point, à proprement parler,
une tragédie; la première publication qu'on en fit n'est pas même ainsi nommée dans
le privilége du roi : *Esther* y est qualifiée d'*ouvrage de poésie, tiré de l'Écriture-*
Sainte, et propre à être récité et à être chanté. Le droit d'impression, d'après ce
privilége, était accordé aux dames de Saint-Louis pour la durée de quinze années, et
il était défendu à tous les théâtres de jouer cet *ouvrage de poésie*. Racine dit lui-
même, dans sa préface : « Les personnes illustres, qui ont bien voulu prendre la prin-
» cipale direction de la maison de Saint-Cyr, me firent l'honneur de me demander si
» je ne pourrais pas faire, sur quelque sujet de piété et de morale, une espèce de
» poëme où le chant fut mêlé avec le récit, le tout lié par une action qui rendît la
» chose plus vive et moins capable d'ennuyer. Je leur proposai le sujet d'Esther, qui
» les frappa d'abord. Cette histoire leur paraissait pleine de grandes leçons d'amour
» de Dieu, et de détachement du monde au milieu du monde même, et je crus, de
» mon côté, que je trouverais assez de facilité à traiter ce sujet, d'autant plus qu'il
» me sembla que, sans altérer aucune des circonstances tant soit peu considérables
» de l'Écriture-Sainte ce qui serait, à mon avis, une espèce de sacrilége, je pourrais
» remplir toute mon action avec les seules scènes que Dieu lui-même, pour ainsi dire,
» a préparées. »

Cette tragédie est, en effet, une sorte de cantique; c'est l'histoire de l'Ancien-Tes-

____

(*) Sainte-Beuve, *Critiques et Portraits.*

tament mise en scène, le récit mis en action, et dans le langage de la plus belle poésie, d'un fait intéressant et miraculeux, présenté, d'après un livre divin, à de jeunes filles pleines de foi et de piété. *Esther* n'était point faite pour le théâtre ; son vrai cadre était Saint-Cyr ; c'est là qu'il faut se représenter ces jeunes personnes jouant, en présence du monarque, leur bienfaiteur, cette pièce qui rappelait leur propre histoire et celle de leur fondatrice, et dont toutes les allusions étaient si facilement senties ; c'est là qu'il fallait entendre ces chœurs de véritables filles de Sion, chantant avec des voix jeunes et pures les louanges de Dieu en si beaux vers. Quelle impression ne devaient pas produire ceux-ci :

> Cependant mon amour pour notre nation
> A rempli ce palais des filles de Sion :
> Jeunes et tendres fleurs par le sort agitées,
> Sous un ciel étranger comme moi transplantées !
> Dans un lieu séparé de profanes témoins
> Je mets à les former mon étude et mes soins ;
> Et c'est là que fuyant l'orgueil du diadème,
> Lasse de vains honneurs et me cherchant moi-même,
> Aux pieds de l'Éternel je viens m'humilier
> Et goûter le plaisir de me faire oublier.

Il n'y a rien de profane dans *Esther* ; tout y est pur, céleste, harmonieux ; tout y respire l'innocence et la piété ; l'amour d'Assuérus y est chaste et contenu ; ce n'est ni la beauté ni la passion qui l'entraînent, ces mots ne sont pas même prononcés une seule fois dans la pièce ; en présence d'Esther, il est amoureux de la vertu.

> Oui, vos moindres discours ont des grâces secrètes ;
> Une noble pudeur à tout ce que vous faites
> Donne un prix que n'ont point ni la pourpre ni l'or.
> Je ne trouve qu'en vous je ne sais quelle grâce
> Qui me charme toujours et jamais ne me lasse.
> De l'aimable vertu doux et puissants attraits !
> Tout respire en Esther l'innocence et la paix,
> Du chagrin le plus noir elle écarte les ombres,
> Et fait des jours sereins de mes jours les plus sombres.

Le poète avait voulu dédier sa tragédie à madame de Maintenon ; mais quelque sensible qu'elle fût intérieurement à tant d'allusions flatteuses, elle ne le voulut pas, et défendit même que son nom fut prononcé dans la préface.

Toutes les critiques sur la froideur et les invraisemblances de l'action tombent devant ces réflexions et ces souvenirs. *Esther*, représentée sur nos théâtres profanes, et sans les chœurs qui sont comme les aîles qui élèvent aux cieux cette pensée poétique, ou plutôt cette prière continuelle, perd presque tous ses charmes.

Racine distribua lui-même les rôles ; Boileau et lui apprirent aux demoiselles à les déclamer. On sait combien Racine excellait dans l'art de la déclamation. Moreau fit la musique des chœurs ; madame de Maintenon fit faire, à beaucoup de frais, de très-beaux habits à la persane, qu'on orna des pierreries qui avaient servi autrefois dans les ballets du roi ; on dressa un théâtre dans un grand vestibule qui était au-dessus de celui des classes ; Bérin, décorateur des spectacles de la Cour, fut chargé des décorations ; le roi prêta sa musique, et lorsque tout fut prêt, madame de Maintenon, qui avait aussi en vue de l'amuser, l'invita à la 1re représentation qui eut lieu le 26 janvier 1689.

Le jour étant pris, le roi arriva à trois heures. Toutes les demoiselles de Saint-Cyr étaient rangées sur des gradins en amphithéâtre, selon la couleur du ruban de leurs classes ; d'un autre côté, les dames de la communauté, et au milieu, devant le théâtre, un fauteuil préparé pour le roi, avec un pliant à côté et un peu en arrière, pour madame de Maintenon ; puis des siéges pour la suite du roi, qui n'avait amené que sa cour la plus intime.

Cette représentation eut le plus grand succès. Mademoiselle de Veilhant faisait Esther ; mademoiselle de la Maisonfort, Elise ; mademoiselle de Lallic, grande et belle, Assuérus ; mademoiselle de Glapion, pleine d'esprit et de talent pour la déclamation, Mardochée. « J'ai trouvé, écrivait Racine à madame de Maintenon, un Mar- » dochée dont la voix va jusqu'au cœur. » Mademoiselle d'Abancourt faisait Aman, et mademoiselle de Marsslly, Zarès. D'autres, dont les voix étaient très-belles, formaient les chœurs, et madame de Caylus(*) récitait, d'une manière ravissante, le prologue de la piété.

« Jusque-là, dit-elle, il n'avait pas été question de moi, ni que je dusse remplir un » rôle ; mais me trouvant présente aux récits que M. Racine venait faire à Madame » de Maintenon, de chaque scène, à mesure qu'il les composait, j'en retenais des vers, » et comme j'en récitais un jour à M. Racine, il en fut si content, qu'il demanda en » grâce à madame de Maintenon de m'ordonner de faire un personnage, ce qu'elle fit, » mais je n'en voulus point de ceux qu'on avait déjà destinés, ce qui l'obligea de faire » pour moi le prologue de la piété. »

Le roi témoigna sa satisfaction à plusieurs reprises, et, de retour à Versailles, ne parla d'autre chose à son souper. Bientôt il ne fut plus question que d'*Esther*. « On a » représenté à Saint-Cyr, la comédie d'*Esther*, écrivit madame de Sévigné à sa fille, » le roi l'a trouvé admirable, M. le prince y a pleuré, Racine n'a rien fait de plus beau

----

(*) Souvenirs de madame de Caylus.

» ni de plus touchant Il y a une prière d'Esther à Assuérus qui enlève. J'étais en
» peine qu'une petite demoiselle représentât ce roi. On dit que cela est fort bien. »

Monsieur et tous les princes demandèrent bientôt à voir cette pièce ; les principaux
courtisans le sollicitèrent comme une grâce, et le roi les y mena tour à tour. Il faisait lui-même la liste, comme pour les voyages de Marly, entrait le premier dans la
salle, et se tenait à la porte, la canne haute, comme pour servir de barrière, jusqu'à ce
que toutes les personnes admises fussent entrées. Il faisait ensuite refermer la porte,
et donnait des ordres pour que sa présence n'entraînât pas le moindre tumulte dans
la maison.

« Je fis ma cour, l'autre jour, à Saint-Cyr, écrit encore madame de Sévigné, plus
» agréablement que je n'eusse jamais pensé. Nous y allâmes samedi, madame de
» Coulanges, madame de Bagnols, l'abbé Têtu et moi. Nous trouvâmes nos places
» gardées : un officier dit à madame de Coulanges que madame de Maintenon lui fai-
» sait garder un siége auprès d'elle : vous voyez quel honneur. Pour vous, madame,
» me dit-il, vous pouvez choisir. Je me mis avec madame de Bagnols au second banc,
» derrière les duchesses. Le maréchal de Bellefonds vint se mettre, par choix, à mon
» côté droit, et devant c'étaient mesdames d'Auvergne, de Coislin et de Sully. Nous
» écoutâmes, le maréchal et moi, cette tragédie avec une attention qui fut remarquée
» et de certaines louanges sourdes et bien placées, qui n'étaient peut-être pas sous
» les *fontanges* de toutes les dames. Je ne puis vous dire l'excès de l'agrément de
» cette pièce : c'est une chose qui n'est pas aisée à représenter, et qui ne sera jamais
» imitée ; c'est un rapport de la musique, des vers, des chants, des personnes, si
» parfait et si complet, qu'on n'y souhaite rien : les filles qui font des rois et des
» personnages sont faites exprès : on est attentif, et on n'a point d'autre peine que
» celle de voir finir une si aimable pièce ; tout y est simple, tout y est innocent, tout
» y est sublime et touchant. Cette fidélité de l'histoire sainte donne du respect ;
» tous les chants, convenables aux paroles qui sont tirées des psaumes ou de la *Sa-*
» *gesse*, et mis dans le sujet, sont d'une beauté que l'on ne soutient pas sans larmes :
» la mesure de l'approbation qu'on donne à cette pièce, c'est celle du goût et de
» l'attention. J'en fus charmée, et le maréchal aussi, qui sortit de sa place pour aller
» dire au roi combien il était content, et qu'il était auprès d'une dame qui était bien
» bien digne d'avoir vu *Esther*. Le roi vint vers nos places ; et, après avoir tourné,
» il s'adressa à moi et me dit : « Madame, je suis assuré que vous avez été contente. »
» Moi, sans m'étonner, je répondis : « Sire, je suis charmée, ce que je sens est au
» dessus des paroles. » Le roi me dit : « Racine a bien de l'esprit. » Je lui dis : « Sire,
» il en a beaucoup ; mais en vérité, ces jeunes personnes en ont beaucoup aussi : elles
» entrent dans le sujet, comme si elles n'avaient jamais fait autre chose. Ah ! pour
» cela, reprit-il, il est vrai. » Et puis Sa Majesté s'en alla, et me laissa l'objet de l'en-

» vie. Comme il n'y avait quasi que moi de nouvelle venue, le roi eut quelque plaisir
» de voir mes sincères admirations sans bruit et sans éclat. M. le prince et madame
» la princesse vinrent me dire un mot : madame de Maintenon, un éclair ;
» elle s'en allait avec le roi ; je répondis à tout, car j'étais en fortune. Nous
» revînmes le soir aux flambeaux : je soupai chez madame de Coulanges, à
» qui le roi avait parlé aussi avec un air d'être chez lui, qui lui donnait une
» douceur trop aimable. Je vis le soir M. le chevalier ; je lui contai tout naïvement
» mes petites prospérités, ne voulant point les cachotter sans savoir pourquoi, comme
» de certaines personnes ; il en fut content, et voilà qui est fait. Je suis assurée qu'il
» ne m'a point trouvé, dans la suite, ni une sotte vanité, ni un transport de bour-
» geoisie, demandez-lui. M. de Meaux (Bossuet) me parla fort de vous et M. le prince
» aussi : je vous plaignis de n'être pas là ; mais le moyen ? on ne peut pas être partout.»

Le roi et la reine d'Angleterre voulurent aussi voir *Esther*, et le roi les y condui-
sit. Les actrices jouaient toujours avec la même perfection et le même désir de
plaire à d'aussi augustes spectateurs ; quelques-unes se mettaient à genoux dans la
coulisse et faisaient leur prière avant le lever de la toile, pour ne pas manquer. Racine était toujours derrière le théâtre, attentif aux entrées, et à ce que tout se passât
bien. Un jour mademoiselle de la Maisonfort hésita dans son rôle ; Racine en fut très-
ému, et quand elle quitta la scène, il lui dit d'un air pénétré : «Ah ! mademoiselle,
» voici une pièce perdue. » A ce mot, la pauvre jeune personne, croyant tout perdu en
effet, se mit à pleurer, et Racine, au désespoir de l'avoir affligée, et plus encore de
voir qu'il n'avait fait qu'augmenter le mal, et que tout allait manquer en effet, si
elle ne se remettait pas promptement, tira son mouchoir de sa poche, l'appliqua lui-
même sur les yeux de la demoiselle, comme on fait aux enfants pour les calmer, en
l'encourageant par de douces paroles.

Quand elle reparut, le roi, à qui rien n'échappait, s'aperçut qu'elle avait les yeux
rouges, et dit : « La petite chanoinesse a pleuré, » ce qui fit connaître l'aventure, et
la charmante simplicité de Racine, si préocupé du succès de sa pièce, dont on rit
beaucoup.

Le roi revit ainsi plusieurs fois cette pièce, qu'on joua pendant deux hivers avec le
même succès. L'enchantement était universel. Madame de Lafayette, qui avait été
liée autrefois avec madame de Maintenon, put bien dire, dans son petit cercle intime,
avec un peu d'aigreur : « que tant d'admiration venait davantage du mérite des allu-
» sions et de la flatterie des courtisans que du talent des actrices et de la beauté de la
» pièce, qui représentait en quelque sorte l'élévation de madame de Maintenon, et la
» chute de madame de Montespan, avec cette différence qu'Esther était un peu plus
» jeune et moins précieuse en fait de piété. » Mais madame de Sévigné nous a peint
au naturel le sincère enthousiasme de toute la cour, charmée de ce spectacle unique

et délicieux. Le roi, quoi qu'un peu confus des grands éloges que lui donnait la Piété, se montrait ravi. Madame de Maintenon, assise sur son tabouret auprès de lui, attentive à toutes ses questions, exposée à tous les regards qu'elle soutenait avec modestie et majesté, dissimulait, par une joie ouverte, sur le succès de ses élèves, une joie plus secrète et plus douce qui devait flatter son cœur. Racine, toujours présent sur le théâtre, ne cachait rien de celle qu'il éprouvait, et chacun, sincèrement transporté, applaudissait ou pleurait d'admiration. Tout, dans ce pieux divertissement, le choix de l'assistance, le caractère du lieu, la beauté des vers, l'imposante majesté du roi, la réunion de toutes ces jeunes filles, et ce mélange singulier de la cour et du cloître, tout concourait à former un tableau qui ne s'est point effacé, et qui est resté dans l'imagination comme un des charmants épisodes de ce beau règne, où se trouvent à la fois, comme en presque tout ce qui lui appartient, la grandeur, la simplicité et le génie.

Le roi fut si satisfait qu'il demanda à Racine un second chef-d'œuvre pour l'année suivante, et cette fois le chef-d'œuvre fut celui de la scène française. *Athalie* offrit, dans la tragédie la plus parfaite, le modèle de toutes les tragédies.

Racine fit encore cette même année, pour la maison ee Saint-Cyr, quatre cantiques tirés de l'Écriture-sainte, qui sont au nombre de ses plus beaux ouvrages. Le roi les fit plusieurs fois exécuter devant lui, et la première fois qu'il entendit ces paroles :

> Mon Dieu, quelle guerre cruelle !
>
> Je trouve deux hommes en moi :
>
> L'un veut que, plein d'amour pour toi,
>
> Mon cœur te soit toujours fidèle ;
>
> L'autre, à tes volontés rebelle,
>
> Me révolte contre ta loi.

Il se tourna vers madame de Maintenon, et lui dit : « Madame, voilà deux hommes que je connais bien. »

Cependant ceux qui avaient coopéré à la fondation de Saint-Cyr, et avaient vu ses commencements, disparaissaient de jour en jour ; bientôt il n'en resta plus. L'évêque de Chartres, Godet Desmarets, était mort comme un saint, dès-avant madame de Maintenon ; les abbés Thiberge et Brisacier n'étaient plus ; tous ces grands noms du siècle de Louis XIV, qui étaient venus prêter leur appui à cette institution naissante, avaient disparu. Les religieuses des premiers temps, restées longtemps comme des lampes allumées pour perpétuer la lumière primitive, s'étaient toutes éteintes peu à peu dans le sanctuaire. L'établissement marchait de lui-même, privé de ces précieux secours, mais avec les avantages d'une existence déjà ancienne.

En 1786, on célébra, avec une grande pompe, l'anniversaire séculaire de la fondation. Une seule religieuse, madame de la Bastide, avait vu Louis XIV et madame de Maintenon, et vivait encore. Il y eut à cette occasion huit jours de fête, dont les trois premiers furent consacrés aux prières et aux cérémonies religieuses. Ce qui répandit le plus d'éclat sur ces fêtes, ce fut la présence presque continuelle de madame Elisabeth, qui honorait Saint-Cyr d'une affection toute particulière, et y charmait souvent par sa présence. On peut dire que le souvenir de madame de Maintenon présida, à juste titre, à ces réjouissances. Son éloge semblait en être le but principal, ses vertus et ses bienfaits y furent célébrés comme ils devaient l'être, et le succès de son entreprise, confirmé par le temps, et par les bénédictions de Dieu, y grandit encore sa mémoire. Mais ces fêtes pieuses et brillantes étaient la dernière lueur que devait jeter cette maison, qui avait emprunté tant d'éclat au grand siècle qui lui avait donné naissance. Les ténèbres qui s'étendirent bientôt sur toute la France, et d'où sortirent tant d'orages, l'enveloppèrent, et elle y disparut.

Voici une lettre adressée par le chevalier de Boufflers à la duchesse de Byron, le 30 mars 1791.

« J'ai été enlevé à mes occupations et à mes projets vendredi dernier, au moment
» où j'allais vous expédier ma feuille hebdomadaire, et je laisse à toute votre sagacité
» à deviner le sujet de ma distraction.

» Madame la duchesse d'Orléans est venue me prendre pour me mener à Saint-Cyr,
» que je n'avais pas vu depuis 47 ans. Je ne vous dirai pas combien je vous ai particu-
» lièrement regrettée en ce moment, en pensant à l'intérêt que le lieu, la chose, les
» personnes et les circonstances vous auraient inspiré. Jamais aucune intention
» humaine n'a été si exactement et si constamment remplie. Jamais une volonté n'a été
» si soigneusement recueillie et si scrupuleusement observée par ceux qui ne l'avaient
pas conçue, et jamais chose n'a été si longtemps semblable à elle-même. Les meu-
» bles de madame de Maintenon sont encore dans sa chambre, ses livres dans sa bi-
» bliothèque, ses écrits dans les archives, et son esprit dans toute la maison. Il semble
» qu'elle vienne de commander tout ce qui se fait, que chaque religieuse ait pris son
» ordre, et que chaque pensionnaire marche à sa voix. Si elle ressuscitait, elle ne
verrait que les visages de changés ; mais pour peu qu'elle sortît de l'enceinte, et que
» son vieux cocher et ses vieux chevaux fussent aussi ressuscités, qu'ils la menas-
» sent à Versailles, elle n'y trouverait plus Louis XIV, ni rien qui lui ressemble.

. . . .

» Revenons à Saint-Cyr, il est impossible que l'attendrissement, l'édification et le
» respect ne s'emparent de tout ce qui entre dans ce saint lieu. Les pensionnaires n'y
» sont point des pensionnaires, et les religieuses n'y sont point des religieuses ; les
» unes sont des filles bien élevées, et les autres sont des femmes raisonnables. Ces
pauvres enfants ont fait devant nous leurs touchants exercices, dans un ordre, une
» décence, une régularité qui me faisaient penser à la fois à la pureté angélique et à
la discipline prussienne. Entre autres évolutions, elles ont été à l'église, au nombre
» de deux cent-cinquante, distinguées par classes, suivant les différents âges. Chaque
» classe, reconnaissable à un ruban de couleur particulière, était menée par une reli-

» gieuse, et la religieuse paraissait aidée dans ses fontions par une pensionnaire dé-
» corée d'un ruban qui attestait sa bonne conduite. La supérieure générale était dans
» une stalle du chœur avec un petit marteau à la main, au bruit duquel elle faisait
» exécuter différents commandements, tels que s'arrêter, doubler les files, les tripler,
» s'arrêter encore, se mettre à genoux, se prosterner, se relever, et entonner ensuite,
» toutes à la fois, le *Domine salvum fac Regem* en parties différentes, mais avec des
» accents si justes, si touchants, si pénétrants, que sur-le-champ les larmes sont ve-
» nues à tous les yeux, et ceux de mon excellente duchesse en auraient été si peu
» exempts, que je suis sûr qu'en ce moment, ils ne sont pas absolument secs. Ces pau-
» vres enfants ignorent le sort qui paraît les attendre ! Mais les religieuses le savent
» très-bien, et le leur cachent. On voit la gaîté qui n'ose point tout-à-fait éclater, mais
» qui se peint toujours sur le visage des unes, et je ne sais quelle mélancolie et quelle
» préocupation que les autres essaient en vain de déguiser à leurs pupilles. Ces reli-
» gieuses ont toutes été élevées dans la maison ; elles y ont appris tout ce qu'il faut
» savoir, et le monde n'est étranger qu'à leurs cœurs ; en sorte qu'elles prévoient tout
» aussi bien qu'on peut le faire dans la société la plus éclairée ; et dans ce moment,
» c'est ce qui redouble leur peine, car un homme qu'on mène au supplice est plus
» malheureux qu'un mouton qu'on mène à la boucherie. »

<blockquote>
« Quel que soit le destin qui nous soit préparé,

» Oh ! Dieu refuse-nous la triste prévoyance,

» Afin que notre cœur, à la crainte livré,

» Puisse aussi dans ses maux s'ouvrir à l'espérance. »
</blockquote>

En 1790, Saint-Cyr avait commencé à perdre une grande partie de ses revenus par la suppression des droits et par le non-paiement des rentes. En 1791, on saisit tous ces biens-fonds. On interdit de recevoir des novices, on fit quitter l'habit religieux aux dames, fermer l'église, renvoyer les six prêtres de la Mission. On accumula les visites domiciliaires, les inventaires, les spoliations ; les archives furent disper-sées, les volumes, qui renfermaient les titres des dames et des demoiselles, livrés aux flammes. Mais, au milieu de toutes ces tribulations, de cette désorganisation journalière, et de tant d'inquiétude et de douleur, la même régularité ne cessa pas un instant de présider aux exercices, le même ordre aux classes, la même application aux charges de la part des religieuses. L'usage était de leur lire, une fois par se-maine, quelques chapitres des instructions que madame de Maintenon avait écrites pour elles. Au commencement de l'année 1793, on tomba un jour sur ce passage : « Saint-Cyr a été fondé par un grand roi, rien n'a été oublié de ce qui pouvait assurer » sa durée, et cent ans ne seront pas écoulés, que peut-être il ne subsistera plus. Si » tel était l'ordre de la Providence, il faudrait s'y soumettre. » Le livre échappa des mains de madame de la Tremblaye, qui faisait la lecture ; il y avait juste cent ans que les premières dames avaient prononcé leurs vœux : elles restèrent toutes frap-pées de ce prophétique avertissement, et raffermies en même temps par cette voix vénérée, qui venait relever leur courage au milieu de si pénibles épreuves : il ne s'ébranla dans aucune circonstance. Le 21 janvier, elles étaient toutes au chœur, occupées à chanter les vêpres, lorsqu'on annonça tout bas à la supérieure, alors madame d'Ormenans, que le grand crime venait d'être consommé. Elle ne changea pas de visage, n'interrompit pas l'office, et laissa achever le chant des psaumes ; mais après que le dernier verset fut chanté, elle entonna, sans aucun préambule, le *De profondis*, dont tout le monde comprit le sens, et auquel on répondit par des larmes et des sanglots.

Un décret du 7 août 1792 avait supprimé définitivement Saint-Cyr, ainsi que tous les établissements religieux d'éducation et de charité conservés jusqu'alors : on avait fixé la fin de l'année comme terme à leur existence ; mais il fallut accorder quelques mois de plus à Saint-Cyr, pour donner le temps aux parents des élèves d'être avertis et de venir les reprendre. Mademoiselle Buonaparte fut demandée des premières par son frère, qui écrivit à la municipalité de Versailles la lettre suivante :

« A Messieurs les administrateurs de Versailles,

» Messieurs,

» Buonaparte, frère et tuteur de la demoiselle Marianne Buonaparte, a l'honneur » de vous exposer que la loi du 7 août, et plus particulièrement l'article addition- » nel décrété le 16 du même mois, supprimant la maison de Saint-Louis, il vient » réclamer l'exécution de la loi, et ramener dans sa famille ladite demoiselle, sa » sœur, des affaires très-instantes et de service public l'obligeant à partir de Paris » sans délai ; il vous prie de vouloir bien ordonner qu'elle jouisse du bénéfice de la » loi du 16, et que le trésorier du district soit autorisé à lui escompter les vingt sols » par lieue, jusqu'à la municipalité d'Ajaccio en Corse, lieu du domicile de ladite » demoiselle, et où elle doit se rendre auprès de sa mère.

» Le 1er septembre 1792, avec respect, Buonaparte. »

On croit entendre déjà le bruit des pas de Napoléon, encore inconnu et pauvre, qui s'avance sur les débris de la monarchie écroulée.

Les dames, obligées de fuir, se refugièrent où elle purent trouver un asile. Madame de la Bastide vivait toujours ; elle fut chassée de cette maison, où elle avait vu Louis XIV, et toucha, pour ainsi dire, à la fondation et à la destruction de l'établis- sement. Il est rare de voir à ce point, dans une seule vie, comme dit Bossuet, toutes les choses humaines, et il n'y a pas de tableau plus frappant de leur fragilité, que ces temps où la face du monde est si complètement changée dans le court espace d'un âge d'homme. Après le départ des religieuses, Saint-Cyr fut à peu près livré au pillage, et la tombe de madame de Maintenon indignement violée. Elle eut cela de commun avec les tombes royales de Saint-Denis, ce jour là, la fondatrice de Saint- Cyr fut traitée en reine, et c'étaient les seuls honneurs que la Providence réservait à son élévation cachée.

ROCHECHOUART-MORTEMART (MAISON DE).

La Maison actuelle de Rochechouart-Mortemart descend, comme la branche aînée, de l'antique et noble Maison de Rochechouart, sortie des anciens vicomtes de Limoges. Ce ne fut qu'au treizième siècle que Guillaume de Rochechouart, second fils d'Aimery VIII, prit le titre de seigneur de Mortemart, en vertu de la terre de ce nom, qu'il avait eue du partage des biens de son père.

Comme on le voit, l'origine de la Maison de Rochechouart-Mortemart est une des plus anciennes de la monarchie, puisque, par sa descendance des vicomtes de Limoges, elle se rattache aux premiers temps de la conquête. Sans entrer dans les détails de l'existence des premiers seigneurs de Rochechouart, nous en constaterons, d'une manière authentique, la généalogie qui doit servir de lien à celle de la Maison actuelle de Mortemart.

I. Aimery, premier du nom, surnommé Ostofrancus, cinquième fils de Giraud, vicomte de Limoges et de Rothilde, son épouse, fut le premier vicomte de Rochechouart. Suivant en cela l'exemple de la noblesse de l'époque, il donna, du consentement de son fils et de sa femme, la moitié de l'église de Nioil à l'abbaye d'Uzerche, par contrat passé le mois de mars 1018.

II. AIMERY, deuxième du nom, vicomte de Rochechouart, pour honorer la mémoire de son père, compléta le don que celui-ci avait fait à l'abbaye d'Uzerche, en lui donnant l'autre moitié de l'église de Nioil. On le voit assister à la fondation de l'Église de Notre-Dame de Xaintes, par le comte d'Anjou. Il fut depuis assassiné de nuit par un de ses ennemis.

III. AIMERY, troisième du nom, vicomte de Rochechouart, restitua à l'abbaye d'Uzerche l'église de Nioil que son père avait usurpée, malgré les dispositions qu'Aimery premier et lui-même en avaient faites. Il s'éleva un différent entre lui et l'évêque de Limoges, au sujet du monastère de Saint-Junien ; ce différent fut terminé par un traité qu'il conclut avec l'évêque. Il assista à la fondation du prieuré de Pérusse par Jordain de Chabanois, faite vers l'an 1073.

IV. AIMERY, quatrième du nom, vicomte de Rochechouart, accompagna le roi Philippe Ier à la Terre-Sainte. Après la prise de Jérusalem par Godefroy de Bouillon, généralissime de l'armée des Croisés, il revint en France, où il mourut vers 1120.

V. AIMERY, cinquième du nom, vicomte de Rochechouart, administra le vicomté de Rochechouart pendant que son père était à la première Croisade. Il mourut vers 1160.

VI. AIMERY, sixième du nom, vicomte de Rochechouart, fonda, en 1205, le prieuré de Trésens. Il était homme-lige de roi en 1226, de qui il tenait la ville et le château de Rochechouart.

VII. AIMERY, septième du nom, vicomte de Rochechouart, fit hommage lige au roi, en 1234, du château de Buissac. Il épousa, en 1205, Alix de Mortemart, de la province de la Marche, fille et héritière de Guillaume, seigneur de Mortemart, d'Availles et de Saint-Germain.

VIII. Aimery, huitième du nom, vicomte de Rochechouart, seigneur de Mortemart, etc., rendit hommage de la terre de Pérusse, au comte de Poitiers, en 1242, et mourut trois ans après, laissant, au nombre de ses enfants, Guillaume, qui fut l'auteur de la branche des ducs de Mortemart.

SEIGNEURS ET DUCS DE MORTEMART.

I. Guillaume de Rochechouart, second fils d'Aimery, huitième du nom, vicomte de Rochechouart et de Marguerite de Limoges, eut du partage qu'il fit avec ses frères, en 1256, les terres de Saint-Victurnien, de la Pérusse, de Salagnac, de la Mortagne et de Mortemart. Il fut enterré avec sa femme dans l'église du prieuré de Grandmont, en 1272.

II. Foucault de Rochechouart, seigneur de Mortemart, se distingua dans les armes, il eut des différents avec le prieur de Grandmont, relativement à la sépulture de son père. Ce ne fut qu'en 1311 qu'il régla ces différents. Il mourut en 1338.

III. Aimery de Rochechouart, premier du nom, seigneur de Mortemart, un des plus vaillants chevaliers de son temps, fit toutes les guerres que Philippe VI eut à soutenir contre Édouard d'Angleterre. Fait prisonnier à la bataille de Crécy, il fut mis à rançon. Pour récompenser ses loyaux services, le roi le nomma commandant du Poitou, du Limousin et de la Saintonge. Il ne renonça point pour cela au métier de la guerre, emporté qu'il était par son ardeur belliqueuse ; il trouva la mort à l'assaut de Surgères. Son corps fut porté à l'abbaye de Cluny, ainsi qu'il l'avait demandé.

IV. Aimery de Rochechouart, deuxième du nom, seigneur de Mortemart, de Saint-Germain, de Cercigné, conseiller et chambellan du Roi, fut fait chevalier par le prince de Galles dans un voyage où il l'accompagna. Par sa valeur heroïque et ses efforts, il contribua puissamment à chasser les Anglais du Poitou et de la Guienne. Son dévouement au Roi et son courage lui firent obtenir grâce pour l'emprisonnement qu'il avait fait subir à sa première femme. Le 21 novembre 1384, il fut établi sénéchal du Limousin, et, en 1392, il fut nommé capitaine-général du Poitou et de la Saintonge. Il mourut au mois de février 1393 et fut enterré dans l'église des cordeliers de Poitiers.

V. JEAN DE ROCHECHOUART, premier du nom, chevalier, seigneur de Mortemart, de Vivonne et de Saint-Germain, fit de bonne heure ses premières armes, et servit sous les ordres de son père dans les guerres contre les Anglais. Il se distingua fort honorablement à la funeste bataille d'Azincourt, en 1415, où, après des efforts inouïs, pour décider la fortune à nous être favorable, il fut fait prisonnier. Plus tard, il devint chambellan du roi Charles VII, qui lui confia le gouvernement de la Rochelle en 1426. Il est qualifié *chambellan du Roi et de M. le Dauphin, capitaine et garde du château de Porat,* dans une quittance de 200 livres qu'il donna à Jean Mérichon, receveur des finances, le 26 septembre 1418. Après de nouveaux exploits où il accrut l'éclat de son nom, il assista à la journée de Beaugé, en 1438, et mourut le 26 juillet 1444.

VI. JEAN DE ROCHECHOUART, deuxième du nom, seigneur de Mortemart, de Montpipeau, de Vivonne, etc., fit hommage de la terre de Vouillé, le 4 janvier 1476; il mourut à Mortemart en 1477.

VII. AIMERY DE ROCHECHOUART, troisième du nom, seigneur de Mortemart, conseiller à la Chambre du roi, sénéchal de Saintonge, fut nommé gouverneur de Saint-Jean-d'Angely par lettres de la reine Anne de Beaujeu, régente pendant la minorité de Charles VIII. Lorsque le pape Jules II, jaloux de la puissance des Vénitiens, forma contre eux une ligue où entrèrent l'empereur Maximilien, Ferdinand-le-Catholique et Louis XII, celui-ci fit un appel à la noblesse de France, et l'on vit en première ligne briller le seigneur de Mortemart. Jaloux de perpétuer l'honneur et la réputation de sa maison, il se couvrit de gloire à la fameuse bataille d'Agnadel, où les Vénitiens furent complètement battus par la seule armée de Louis XII. Et plus tard, quand le pape eut fait la paix avec Venise, et que, dans son humeur belliqueuse, il eut formé une nouvelle coalition contre la France, coalition dans laquelle entrèrent Henri VIII et Ferdinand-le-Catholique, inquiets l'un et l'autre de l'agrandissement de la puissance de Louis XII qui venait d'ajouter à la France le Milanais, le seigneur de Mortemart soutint honorablement cette lutte inégale dans laquelle la France perdit le Milanais, malgré les efforts du jeune Gaston de Foix. Louis XII, après la paix, voulut récompenser les services que lui avait rendus Aimery de Rochechouart, et le nomma Viguier de Toulouse. Il mourut dans cette ville, vers l'an 1520, laissant la réputation d'un grand capitaine et d'un bon administrateur.

VIII. François de Rochechouart, baron de Mortemart, seigneur de Tonnay-Charente, de Vivonne, etc., chevalier de l'ordre du roi, naquit le 25 décembre 1502. Il entra de bonne heure dans les armées du roi et se distingua surtout au siége de Perpignan, où il avait conduit l'arrière ban de Poitou. Il fut successivement employé par François 1er et Henri II, à qui il rendit de grands services.

IX. René de Rochechouart, premier du nom, baron de Mortemart, de Montpipeau, Tonnay-Charente, Vivonne, etc., naquit le 27 décembre 1528. Il suivit son père au siége de Perpignan; il se trouva au siége d'Epernay, à la défense de Metz, en 1552, à Hesdin où il fut pris, à Vulpian, où il commandait cent gentilshommes, à la tête desquels il s'empara de la ville basse. Sa bonne conduite à la prise de Calais et de Bourges lui valut le grade de capitaine de cinquante hommes d'armes. Le roi Charles IX le fit chevalier de l'ordre de Saint-Michel, et plus tard Henri III lui donna le collier de celui du Saint-Esprit. Il mourut le 17 avril 1587, âgé de 61 ans, laissant à ses enfants un riche héritage de gloire noblement acquise sur les champs de bataille. Il fut inhumé avec sa femme, en l'église des Cordeliers de Poitiers. Comme récompense de ses services, la baronnie de Mortemart fut érigée en sa faveur en marquisat.

X. GASPARD DE ROCHECHOUART, marquis de Mortemart, seigneur de Vivonne, de Lussac, etc., servit avec honneur sous Henri IV et Louis XIII. Il mourut à Paris, âgé de 68 ans, le 25 juillet 1743, et fut enterré dans l'église des Pénitents de Picpus.

XI. GABRIEL DE ROCHECHOUART, duc de Mortemart, pair de France, chevalier des ordres du roi, premier gentilhomme de sa chambre, en 1630, fut attaché au roi Louis XIII en qualité de gentilhomme de la chambre et l'accompagna dans ses diverses expéditions. Il fut nommé, en 1669, gouverneur de Paris et de l'Ile-de-France, après la mort du maréchal d'Aumont. Ce fut en sa faveur que Louis XIV érigea le marquisat de Mortemart en duché-pairie, par lettres patentes du mois de décembre 1650. Il mourut à Paris, le 26 décembre 1675, et fut enterré, comme son père, dans l'église des Pénitents de Picpus. Il laissa un fils, qui suit, fort connu sous le nom de duc de Vivonne, et quatre filles, dont trois ont été fort célèbres, ce sont : Mme de Montespan, la marquise de Thianges, et l'abbesse de Fontevrault. Ces personnages illustres, qui donnèrent lieu à ce mot si connu : *l'esprit des Mortemart,* tenaient cet avantage de leur père, un des seigneurs les plus aimables et les plus savants de la cour. Avant lui, comme depuis, plusieurs membres de la famille de Mortemart se sont fait remarquer sous le même rapport ; c'est pour cela qu'un auteur a dit, avec raison : *De quelque côté qu'on envisage la maison de Mortemart, on ne trouve que* BEAUTÉ, ESPRIT, ÉRUDITION.

XII. LOUIS-VICTOR DE ROCHECHOUART, duc de Vivonne, pair, maréchal et général des galères de France, gouverneur de Champagne et de Brie, vice-roi de Sicile, prince de Tonnay-Charente, marquis de Moigneville, etc., naquit le 25 août 1636. Il acquit, à son tour, dans la carrière des armes, une gloire égale à celle qui avait illustré les principaux membres de sa famille. Il assista aux différentes affaires qui marquèrent les grandes campagnes du règne de Louis XIV, et conquit, à la pointe de son épée, les grades successifs qui l'élevèrent aux plus hautes dignités des armées de terre et de mer. Il prêta serment au parlement en qualité de duc et de pair de France, le 13 février 1679, et mourut le 3 avril 1688.

XIII. LOUIS DE ROCHECHOUART, duc de Mortemart, pair et général des galères, après la mort de son père, entra de bonne heure dans la marine ; il assista aux bombardements de Gênes et d'Alger, que Louis XIV eut l'intention de punir de leurs pirateries. Il mérita, par ses services, d'être élevé au grade de général des galères du roi, grade qu'il conserva jusqu'à la mort. Il a été enterré dans l'église de Saint-Nicolas-des-Champs, sa paroisse.

XIV. LOUIS DE ROCHECHOUART, deuxième du nom, duc de Mortemart, pair de France, prince de Tonnay-Charente, seigneur de Bouchet, etc., chevalier des ordres du roi, premier gentilhomme de sa chambre, lieutenant-général de ses armées, gouverneur de la ville et citadelle du Hâvre, naquit le 3 octobre 1681. Il fut d'abord colonel d'un régiment d'infanterie de son nom, puis brigadier des armées du roi en 1708, maréchal-de-camp en 1710, après la reddition de la ville de Douai, où il commandait l'infanterie, et à la défense de laquelle il s'était signalé ; enfin, lieutenant-général le 30 mars 1720. Il assista aux principales affaires de la campagne d'Espagne, tentée pour affermir sur le trône le petit-fils de Louis XIV. Ce fut lui qui apporta à Versailles la nouvelle de la prise de Barcelonne, à laquelle il avait pris une part honorable. Le roi lui avait accordé la charge de premier gentilhomme de sa chambre, en survivance de son beau-père, le duc de Beauvillier. Il fut reçu chevalier des ordres du roi, le 3 février 1724.

XV. Louis-Paul de Rochechouart, prince de Tonnay-Charente, naquit le 29 avril 1710. Il avait été nommé gentilhomme de la chambre du roi Louis XV, en survivance de son père, le 4 septembre 1718.

XVI. Jean-Baptiste-Marie de Rochechouart, duc de Mortemart, père de M. le duc de Mortemart, chef actuel de la Maison, servit dans l'artillerie jusqu'à l'époque où il fut nommé colonel dans le régiment de Lorraine. Partisan de la liberté des cultes, il prit une part active aux discussions qui eurent lieu au parlement de Paris, relativement aux protestants. Il combattit de toute la puissance de son nom et de son talent les prétentions de ceux qui, oubliant les malheurs qu'avait causés au commerce, à l'industrie et à la prospérité publique, l'impolitique révocation de l'édit de Nantes, par Louis XIV, demandaient le rétablissement de cette fatale mesure. Membre de l'Assemblée constituante, M. le duc de Mortemart, qui était parvenu au grade de maréchal-de-camp, combattit longtemps les tendances révolutionnaires de l'Assemblée. Il défendit avec courage les prérogatives de la couronne, mais bientôt, voyant ses efforts impuissants, il quitta la France et se retira en Angleterre. Là, il reçut

le commandement d'un régiment français, à cocarde blanche,
au service de l'Angleterre. C'est lui qui, avec son régiment, fut
chargé de protéger l'île de Guernesey contre l'invasion dont
elle était ménacée.

Lorsque Napoléon eut rendu à la France le calme dont elle
avait été si longtemps privée, lorsqu'il eut arrêté les excès qui
ont souillé cette époque si mémorable, M. le duc de Mortemart rentra en France, c'était en 1803. Napoléon qui, à cette
époque, songeait à relever le trône de France, et qui désirait
s'entourer de noms illustres, eut désiré voir M. de Mortemart
reprendre son ancien grade, mais celui-ci aima mieux rester
étranger aux affaires; ce ne fut qu'en 1811, qu'il accepta les
fonctions de conseiller général de la Seine, sans doute parce
qu'elles ne comportaient en elles rien de politique. Il mourut
l'année suivante, 1812, emportant les regrets des gens de bien,
et laissant la réputation d'un honnête homme.

XVII. Bonaventure de Rochechouart, marquis de Mortemart,
naquit le 28 octobre 1754. Il entra fort jeune dans l'artillerie, devint colonel en second du régiment de Lorraine, puis colonel-com-
mandant de celui de Navarre. Président de la noblesse du Poitou,
en 1789, il fut nommé membre de l'assemblée constituante. Fidèle
aux traditions de sa famille, il fut un des plus ardents défenseurs
de l'autel et du trône. Mais, après l'émigration des princes et
d'une grande partie de la noblesse, voyant ses efforts inutiles, il
quitta la France à la fin de 1791. Il rejoignit l'armée des princes,
et, en 1794, il fut nommé lieutenant-colonel d'un régiment
français à cocarde blanche, que le duc de Mortemart, son frère,
fut chargé de lever au service de l'Angleterre. Peu de temps après.
le marquis de Mortemart fut envoyé en Portugal, où il resta
jusqu'à la paix d'Amiens, époque à laquelle il fut licencié
en France, il resta éloigné des affaires. A la rentrée des Bourbons,

il fut nommé lieutenant-général et pair de France (août 1815).

XVIII. Victurnien-Henri-Elzéar de Rochechouart, vicomte de Mortemart, naquit à Paris en 1757. Entré de bonne heure à la marine où l'appelaient une prédilection toute particulière et les souvenirs honorables qu'y avait laissés le maréchal de Vivonne, son aïeul ; il ne tarda pas à se distinguer par son zèle , son intelligence et son application, et à se concilier ainsi la bienveillance de ses chefs. Il avait fait plusieurs campagnes dans des escadres d'évolution, et s'était familiarisé avec tous les devoirs de son état, quand l'appui donné par la France à l'Amérique insurgée occasionna une rupture avec l'Angleterre. Le vicomte de Mortemart reçut alors le grade de lieutenant de vaisseau (mars 1779) et le commandement de la corvette l'*Aigrette*. Peu après, il eut celui de la *Diligente*, avec laquelle il servit sous les ordres du comte d'Orvilliers. Dès sa seconde sortie, il s'empara de deux petits bâtiments de guerre ennemis. Il fut ensuite envoyé en Amérique sous les ordres de M. de Grasse , et prit, dans les eaux de la Chésapeak, la frégate l'*Iris*, bien supérieure en forces à la sienne. L'amiral lui conféra alors le commandement du *Richemont*, tombé en notre pouvoir le même jour que l'*Iris ;* ce fut sur ce bâtiment qu'il prit part à la funeste affaire du 12 avril 1782. Le courage, le sang-froid , les efforts héroïques dont il fit preuve, en affrontant le feu de trois vaisseaux anglais, pour essayer de leur enlever le *Glorieux* totalement désemparé , lui mérita l'estime et les éloges des marins des deux flottes. L'amiral crut que le vicomte, qui, dans cette affaire, s'était couvert de gloire, était plus propre que personne à porter à Versailles la nouvelle du désastre de l'armée navale. Louis XVI l'accueillit avec une grande distinction , et voulut lui prouver le cas qu'il faisait de lui, en le nommant capitaine de vaisseau, à 25 ans. Le jeune capitaine partit bientôt après pour Brest, où il s'embarqua sur la *Nymphe* et se rendit à la Martinique. Dans une de ses croisières, secondé par la frégate l'*Amphitrite*, il osa attaquer un vaisseau anglais de 50 canons, l'*Argo*, dont il s'empara ; mais, deux jours après, l'*Invincible*, de 74 canons, lui enleva sa capture. Arrivé à Port-au-Prince, il fut reçu avec distinction par les autorités, et, pris subitement d'une indisposition pendant un repas qu'on lui offrit, il mourut en quelques heures, soit par suite des fatigues de la guerre, soit par suite d'une commotion qu'il avait reçue, quand le gaillard de sa frégate sauta lors de son dernier combat. La flotte entière donna des regrets bien sincères à ce jeune officier, que ses talents, son courage et son dévouement appelaient à être un jour une des gloires de la marine française.

Ainsi que nous l'avons dit en commençant, nous n'avons voulu, dans ce regard rétrospectif que nous avons jeté sur la Maison de Rochechouart-Mortemart, que désigner, en quelque sorte, ceux de ses membres qui ont rendu à la monarchie et à la France les services les plus importants. Nous allons maintenant esquisser la carrière de M. le duc de Mortemart, chef actuel de cette grande et illustre Maison. Nous prouverons, qu'en héritant d'un beau nom, il a compris les obligations qu'il lui imposait, et qu'il n'y a jamais manqué. Nous serons sobres d'éloges, laissant aux faits toute leur éloquence, car M. le duc de Mortemart possède, au nombre de ses vertus, une modestie, qui lui fait d'autant plus d'honneur, qu'elle est plus rare chez ceux qui, comme lui, sont nés dans une haute condition.

CASIMIR-LOUIS-VICTURNIEN DE ROCHECHOUART, duc de Mortemart, petit-fils d'un des plus illustres martyrs de la fidélité royaliste, le duc de Brissac, lieutenant-général, grand-croix de la Légion-d'Honneur et chevalier des ordres de France et de Russie, pair de France, etc., est né à Paris, le 20 mars 1787. Il était encore dans l'âge où l'on ne comprend pas les malheurs, quand M. le duc de Mortemart, son père, obligé de fuir sa patrie, pour échapper aux fureurs révolutionnaires, l'emmena avec lui en Angleterre. Il y resta jusqu'en 1801, époque à laquelle Napoléon avait arrêté les excès de la fin du XVIIIe siècle, pour rendre à la nation française le calme et le libre exercice de ses droits et de ses libertés. Après avoir terminé son éducation, il entra comme cavalier dans les gardes d'honneur, en 1805, puis fut nommé sous-lieutenant au premier régiment de dragons, en 1806. Il fit, en cette qualité, la campagne de Prusse et de Pologne, et, bien qu'il fût en partisan lors de la bataille d'Iéna, il n'en assista pas moins aux combats de Pultusk et de Golymin, à la bataille d'Heilsberg, où il fut blessé, et à celle de Friedland, où il se distingua. Napoléon, admirant la belle conduite de son régiment, envoya au jeune sous-lieutenant, ainsi qu'à six de ses camarades, la croix de la Légion-d'Honneur. Il venait d'être nommé lieutenant quand éclata la guerre avec l'Autriche. Attaché, en qualité d'aide-de-camp, au général Nansouty, il assista aux grandes batailles de Ratisbonne, d'Essling et de Wagram ; c'est lors de cette dernière bataille, que M. le duc de Mortemart fut nommé capitaine. Dans cette campagne, comme dans celle où il fit ses premières armes, le jeune officier acquit une part honorable de la gloire qui revint à l'armée française. En 1810, l'Empereur voulut s'attacher, comme officier d'ordonnance, un jeune homme qui s'était distingué dans toutes les occasions, et lui donna, en cette qualité, plusieurs missions de confiance ; il s'en acquitta avec l'intelligence et l'habileté dont il avait donné plus d'une preuve. M. le duc de Mortemart faisait une inspection générale sur les côtes de Hollande et de Danemarck, lorsque Napoléon, ayant conçu le projet d'écraser la Russie, lançait vers le Nord de l'Europe la plus belle armée que jamais général ait eue sous ses ordres. Le jeune capitaine rejoignit Napoléon à Posen. Dès ce moment, il fut associé aux triomphes comme aux désastres de cette funeste campagne. Il eut le bonheur d'échapper aux maux sans nombre qui détruisirent presque toute l'armée, et rentra à Paris. Cependant, sa santé avait été gravement altérée, aussi lui fut-il impossible de faire la première partie de la campagne de 1813; mais, à peine rétabli, il se rendit au quartier-général, après la rupture de l'armistice. Il assista à la bataille de Leipsick, que nous perdîmes à cause de la supériorité des forces ennemies, et à celle de Hanau, où nous prîmes une éclatante revanche. La condnite honorable de M. le duc de Mortemart, à cette dernière affaire, lui valut la croix d'officier de la Légion-d'Honneur.

En 1814, quand le gouvernement provisoire eut replacé Louis XVIII sur le trône, M. le duc de Mortemart, se rappelant que ses aïeux avaient tous servi fidèlement les ancêtres du Roi longtemps exilé, se hâta d'offrir ses services à ce prince, qui revenait, portant à sa patrie une constitution sage, fruit de ses longues méditations. Louis XVIII lui donna le commandement des Cent-Suisses de la garde, fonctions que remplissait, avant la révolution, le duc de Brissac, son grand-père maternel. Il fut, en même temps, élevé à la dignité de pair de France.

Lorsque la nouvelle du débarquement de Napoléon parvint à Paris, le Roi se retira à Gand, afin d'épargner à la France les désastres d'une guerre civile. M. le duc de Mortemart escorta les Princes avec son corps jusqu'à Béthune, où la maison militaire du Roi fut licenciée. Il ne crut pas devoir rentrer au service de Napoléon, malgré les offres qui lui furent faites; mais, en respectant le serment qu'il avait prêté à son roi légitime, il n'imita point ceux qui, tour-à-tour, exaltèrent ou insultèrent Napoléon, selon qu'il était heureux ou malheureux. Il était à

Gand, lorsque la nouvelle y arriva que l'Empereur avait été battu à Waterloo. Bien qu'à cette époque, il ne fut plus au service de Napoléon, son cœur de Français fut vivement ému à la nouvelle du grand désastre de ceux qui, naguère, étaient ses compagnons d'armes. Le gouvernement provisoire ayant rappelé Louis XVIII au trône de France, le duc de Mortemart rentra à Paris avec son corps, à la réforme duquel il travailla immédiatement, et, grâce à ses soins constants, il parvint à le mettre sur le même pied militaire que les autres troupes. En octobre 1815, il fut élevé au grade de major-général de la garde nationale de Paris, mais il donna sa démission deux ans après, pour se consacrer entièrement au service militaire.

Pair de France, M. le duc de Mortemart a pris part aux travaux de la Chambre haute, comme secrétaire et comme membre de plusieurs commissions au sein desquelles il a porté le fruit de son expérience et de ses lumières.

En 1827, le 31 mars, lors de la discussion du projet de Code pour la juridiction militaire, M. le duc de Mortemart, l'un de ceux qui prirent la plus grande part à cette discussion importante, disait, relativement à l'article 40, que les raisons qui motivent l'institution des prévôtés d'armée peuvent subsister encore longtemps après la cessation des hostilités. Il rappela à cet égard, ce qui s'était passé dans plusieurs occasions, lorsqu'après la conclusion de la paix, l'armée stationne encore hors de France. Lorsque la discussion s'ouvrit sur l'article 49, le noble pair disait que le résultat immédiat d'une invasion étant de suspendre toute autre justice que la justice militaire, il était pour cela seul urgent de donner à cette dernière toute la force qu'elle doit avoir dans l'intérêt de l'armée.

Dans la séance du 10 avril, M. le duc de Mortemart présenta à la chambre le rapport qu'il avait été chargé de faire sur l'article 73. Ce rapport, témoignage authentique de la haute expérience de l'auteur, de sa sagesse et de sa prévoyance nous a paru trop important pour ne pas le donner en entier.

« Messieurs, disait le noble rapporteur, votre commission, en nous proposant quelques exceptions au principe qu'elle a toujours soutenu, n'a pas perdu de vue le grand but vers lequel elle a marché sans cesse : celui de préserver l'État et les particuliers des abus possibles de la force armée, en maîtrisant cette force par la plus exacte discipline. Nous avons cherché quels étaient les crimes et délits, qui par leur nature, étaient plus difficiles à apprécier et dont la répression pouvait être abandonnée aux tribunaux ordinaires, sans que l'honneur et la discipline de l'armée en souffrît notablement. La nomenclature que nous avons proposée et que vous avez adoptée hier, ne nous paraît plus susceptible d'augmentation. L'étendre davantage serait attaquer un principe vers lequel nos adversaires, par un égal amour du bien, se sont avancés à grands pas dans nos dernières séances.

» Je n'en veux pour preuve que ce qui a été dit par un de nos plus redoutables adversaires dont les lumières et la brillante éloquence ne sont égalées que par le goût exquis et l'aménité qui font encore trouver du charme à ses adversaires, dans les coups qu'il leur porte. Le noble baron est convenu, que si le délit commun commis par un militaire était puni par les tribunaux ordinaires, il faudrait nécessairement, en bonne et équitable justice, modifier le Code pénal et aggraver les peines, pour punir les militaires coupables de délits communs; parce qu'il a reconnu, comme nous, cette grande vérité : qu'un militaire sous le drapeau, qui commet le même crime qu'un citoyen, est toujours plus coupable que ce dernier. Voyez, Messieurs, où nous en serions, si le principe de la loi se trouvait détruit par les exceptions, il n'y aurait plus d'équitable répression possible dans l'armée, jusqu'à la révision de notre Code pénal; il y aurait au contraire faiblesse, lenteur, incertitude pour la répression de crimes et délits que nous voulons prévenir à tout prix, pour l'honneur de l'armée, première base de sa discipline, et par conséquent, pour sa discipline la plus positive et la plus puissante, garantie de la sécurité des citoyens et de la sûreté de l'État.

» On nous accuse de considérer la discipline dans l'intérêt des nécessités de l'armée plus que dans celui des citoyens, de n'être frappés que des besoins de cette armée; mais quand nous considérons l'armée et les citoyens, nous nous demandons quel est notre devoir? De faire trouver aux citoyens dans l'armée, force pour les protéger, honneur pour les honorer, discipline pour les faire respecter; il faut donc que nous nous occupions avec ardeur de procurer par tous les moyens, force, honneur et discipline.

» L'on a pris acte de ce qu'un noble pair avait dit, que la justice militaire était le complément de la discipline; j'avoue que c'est ainsi que je la comprends, et que c'est dans le même sens qu'à l'égard des enfants la puissance des lois me paraît le complément de la puissance paternelle; je ne vois pas ce que cette assertion a de contraire à notre système.

» Un noble vicomte qui m'a jugé d'après mes intentions, et à qui j'en témoigne ici ma reconnaissance, a livré à nos méditations une grave considération, l'honneur des militaires; il prouve que cet honneur peut être compromis par le jugement de certains crimes, dont l'armée doit abandonner la punition au glaive de la justice ordinaire. Il faut que je sois bien pénétré des besoins de l'armée et des devoirs souvent terribles des militaires, pour n'avoir pas été convaincu par son beau talent.

» Le roi forme l'armée et lui donne la puissance des armes,

mais il dit à ses chefs : vous me répondez des abus, et les chefs font serment de les prévenir par leur sagesse, ou de les réprimer avec une inflexible énergie. Toute la sécurité de l'ordre social est dans ce pacte fondamental de l'armée ; l'entamer, c'est ébranler la sécurité publique. Quelque pénible qu'il soit pour les chefs militaires de juger de tels crimes et de les punir, le sentiment de leur devoir les soutiendra jusqu'au moment de l'exécution.

» Ils la prépareront d'un œil sec, mais le cœur déchiré, avec ce calme, cet ordre et cette pompe imposante qui caractérise les exécutions militaires. Ils mettront, en raison du crime, plus de solennité dans la terrible dégradation du coupable ; ils laveront la flétrissure de l'armée, si la faute d'un seul pouvait rejaillir sur la masse, dans cette cruelle mais salutaire cérémonie, bien plus que ne pourrait le faire son sang répandu sur l'échafaud. Enfin, celui qui fut brave, sans doute, périra de la mort des braves ; c'est un faible dédommagement que la société accorde à celui qui, avant de la blesser, l'avait utilement servie. L'impression d'une telle cérémonie a l'immense avantage de pénétrer les bons sentiments les plus élevés, les plus salutaires, et suffit souvent pour faire rentrer dans la ligne du devoir, ceux qui n'y seraient pas complètement affermis.

» Tous ces avantages de la forme des jugements et des exécutions militaires, seraient perdus pour l'armée, devant la justice ordinaire, sans aucun dédommagement pour la société.

» Messieurs, la belle et longue discussion qui a eu lieu devant vous, confirme de plus en plus notre commission dans l'opinion où elle était, que la législation qui existe doit être maintenue, en principe, parce que nous y trouvons, plus que dans toute autre, les garanties dont la société a besoin.

» Notre but principal a toujours été, en cherchant ces nécessités de l'armée, qu'on nous accuse de voir exclusivement, de trouver les garanties plus fortes, pour assurer la sécurité des citoyens, et prévenir toutes les agressions possibles de la part de la force armée ; car, je le répète, en invoquant les nécessités de l'armée, nous invoquons l'intérêt public, ou plutôt nous invoquons la même chose, l'un et l'autre étant inséparables. Nous soutenons avec chaleur la législation existante, comme la plus propre à maintenir la discipline militaire, et par discipline militaire, nous n'entendons pas dire l'exactitude du soldat à remplir ses devoirs militaires, mais sa bonne conduite dans la généralité du mot.

» C'est parce que nous ne pouvons donner aux officiers de police judiciaire les moyens qu'ont les chefs militaires de deviner un délit, de le suivre, d'en réunir les preuves, et d'en surprendre le prévenu, que nous les préférons aux premiers pour l'instruction. Car, ainsi que vous l'a dit un noble comte avec une généreuse indignation, jamais les militaires français ne seront soupçonnés de cacher un crime à la justice ; mais la justice ordinaire peut manquer de saisir l'occasion de découvrir un crime qu'ils eussent pu saisir, si leur attention eut été éveillée par un plus impérieux devoir. »

En 1828, le roi Charles X éleva M. le duc de Mortemart au grade de lieutenant-général, et l'envoya à Saint-Pétersbourg en qualité d'ambassadeur. Il fut accueilli par l'empereur Nicolas avec une grande distinction.

Prévoyant les orages prêts à fondre sur sa patrie, M. le duc de Mortemart avait quitté Saint-Pétersbourg pour prêter au gouvernement du roi l'appui de son influence et de ses lumières. Après les funestes ordonnances qui furent la cause du soulèvement de Paris et par suite du renversement du trône, M. le duc de Mortemart, qui avait été nommé ministre des affaires étrangères, fut chargé de porter à l'Hôtel-de-Ville les ordonnances de Saint-Cloud. Mais, déjà une faction puissante avait rendu inutiles tous les moyens de conciliation entre un monarque qui avait cédé à des conseils imprudents, et un peuple en armes excité à la révolte. Les événements durent s'accomplir : *il était trop tard !*

M. le duc de Mortemart ne voulant pas renoncer au droit qu'il avait d'intervenir dans les affaires de son pays, prêta serment au gouvernement nouveau, ainsi que beaucoup d'autres pairs très-sincèrement attachés à la restauration.

Les royalistes, qui n'ont pu ou qui n'ont voulu apprécier les intentions de M. le duc de Mortemart, lui ont fait un reproche d'avoir accepté l'ambassade de Russie, après 1830. Quant à nous, loin de blâmer le noble pair de ce qu'il a, dans des circonstances difficiles, imposé silence à ses sentiments personnels, pour ne se souvenir que des dangers qui menaçaient son pays, nous éprouvons le besoin de le féliciter hautement de cet acte de civisme, auquel applaudiront, comme nous, les véritables amis de la France. Voici, du reste, comment s'explique à cet égard l'auteur de l'*Histoire de Dix Ans*, que l'on n'accusera pas de partialité ni envers le gouvernement déchu, ni envers celui qui s'est élevé sur ses ruines :

« Dans sa haine pour la maison d'Orléans, l'empereur Nicolas avait envoyé un ordre de rappel à son ambassadeur en France, M. Pozzo di Borgo. Cette nouvelle consterna le château. Mais on y était instruit de l'estime et de l'affection que l'empereur de Russie portait au duc de Mortemart. Nul doute que la paix ne fût obtenue, si on employait un semblable intermédiaire. Nicolas le désignait comme le seul qu'il fût disposé à recevoir favorablement. On sonda les dispositions du duc de Mortemart. Il ne voulut point partir pour Saint-Pétersbourg, et on dut employer, pour l'y déterminer, les sollicitations les plus pressantes. Il s'obstinait dans son refus, lorsqu'une lettre du comte Nesselrode vint lui apprendre que son acceptation serait agréable à l'Empereur. M. Pozzo di Borgo, de son côté, lui écrivait : « Après votre nomination et son insertion au *Moniteur*, je présenterai immédiatement mes lettres de créance. »

Voici les originaux des lettres de MM. Nesselrode et Pozzo di Borgo, lettres précieuses et inédites, que M. le duc de Mortemart veut bien nous communiquer.

« L'Empereur me charge, mon cher duc, de vous témoigner de sa part, combien la mission qui doit vous ramener en Russie lui est personnellement agréable. Dans cette circonstance, il a daigné se rappeler qu'en prenant congé, vous lui avez donné l'assurance, que si jamais l'occasion se présentait, de rendre un service spécial à l'union entre la Russie et la France, vous seriez prêt à revenir auprès de Sa Majesté, afin de consacrer tous vos efforts pour obtenir un résultat aussi conforme aux intérêts des deux empires, qu'il serait d'accord avec les intentions et les vœux de l'Empereur.

» Vous venez de prouver, mon cher duc, que vous tenez à remplir votre promesse. Sa Majesté se plaît à nous le dire. Elle aimera encore davantage à vous le répéter de vive voix. Je n'ajouterai rien de plus aujourd'hui, car vous connaissez trop bien les sentiments de l'Empereur à votre égard, pour ne pas être sûr de la satisfaction avec laquelle Sa Majesté verra auprès d'elle un compagnon d'armes de la guerre de Turquie, qu'elle se plaît à honorer de son estime et de sa confiance.

» Permettez-moi, en mon particulier, de vous exprimer le plaisir bien sincère que j'aurai à renouer avec vous, mon cher duc, des relations auxquelles j'ai toujours attaché tant de prix.

» Recevez-en l'assurance, ainsi que celle de ma haute considération et de ma sincère amitié.

» Signé : NESSELRODE.

» Saint-Pétersbourg , ce 11 décembre 1830. »

« Mon cher duc.

» Un courrier qui m'est arrivé cette nuit, apporte la nouvelle que l'Empereur vous recevra avec la plus vive satisfaction; vous en trouverez une preuve de plus dans la lettre ci-jointe pour vous du comte de Nesselrode. Je viens de communiquer ces heureux renseignements au général Sébastiani, qui est allé en rendre compte au Roi. Après votre nomination et son insertion au *Moniteur*, je présenterai immédiatement mes lettres de créance. Gardez, en attendant, tout cela pour vous seul. Parlez-en cependant avec le Roi et le Ministre, et hâtez ce qui doit précéder votre départ.

» Agréez mes compliments bien sincères et tous
mes sentiments, votre très-dévoué,

» Signé : POZZO di BORGO.

» Jeudi, 7 janvier. »

La crainte de voir s'allumer une guerre entre la Russie et la France, si on n'obtempérait pas au désir de l'Empereur, vainquit les répugnances du duc de Mortemart. Nommé ambassadeur de France à Saint-Pétersbourg par le gouvernement français, après l'avoir été en quelque sorte par le gouvernement russe, il se mit en route. Ses instructions étaient de nouer aussi étroitement que possible l'alliance des deux cabinets, sur les bases posées par le traité de Vienne, et, à l'égard de la Pologne, d'implorer la clémence de l'Empereur.

M. Sébastiani feignait de croire que la Pologne n'attendait que pitié de celui qui avait été si longtemps son maître. Il savait, cependant, par Wolicki, agent polonais, que la mission pacifique de Lubecki et de Jezierski auprès du Czar n'était due qu'aux hésitations personnelles des dictateurs de la Pologne, Wolicki n'avait pas caché au ministre qu'elle n'attendait rien que de son épée.

A son passage par Berlin, le duc de Mortemart rencontra un agent diplomatique de la Pologne, qui lui fit part d'une proposition soumise à la diète et relative à la déchéance de la maison de Romanoff. Tremblant à la vue des dangers que la Pologne appelait sur elle, et persuadé que, le gouvernement français l'abandonnant, elle allait s'abîmer dans une impossible résistance, M. de Mortemart s'attacha vivement à déconseiller toute mesure violente. Il était trop tard : la Pologne en était venue au point de n'écouter que son désespoir.

Ces détails, que nous prenons textuellement dans l'histoire de M. Louis Blanc, suffiront, sans doute, pour détruire toute prévention défavorable pour M. le duc de Mortemart qui pourrait rester dans l'esprit de nos lecteurs, relativement aux motifs qui lui ont fait accepter l'ambassade de Saint-Pétersbourg.

On connaît les résultats de cette mission ; on sait si M. le duc de Mortemart a agi, en cette circonstance, de manière à démériter de l'estime et de la considération qui sont attachés à son nom.

A peine le digne et honorable ambassadeur eut-il obtenu le résultat auquel devaient tendre tous ses efforts, qu'il quitta

Saint-Pétersbourg et donna sa démission, pour rester dans la Chambre et en disponibilité dans l'armée.

En 1833, lorsque la chambre des pairs eut à déplorer la perte de M. le marquis de Mortemart, ce fut M. le duc de Mortemart, son cousin-germain, qui fut chargé de rendre un dernier hommage à la mémoire de ce digne représentant des idées aristocratiques, dont la modestie pouvait seule égaler le mérite. L'éloge que prononça en cette circonstance le noble pair fut court, parce que l'existence de cet ami qu'il pleurait n'avait pas été, comme celle de tant d'autres, mêlée aux grandes affaires de son temps ; mais il fut touchant, parce qu'il était exempt d'emphase et tel qu'il devait être dans la bouche d'un parent parlant avec dignité, élégance et attendrissement d'un parent justement regrettable.

Depuis cette époque, M. le duc de Mortemart est resté étranger à la politique. Il suit avec assiduité les séances de la Chambre-Haute, dont il a été plusieurs fois secrétaire ; il a également pris la parole dans quelques circonstances, et notamment en 1837, lors de la discussion du projet de loi relatif aux crédits supplémentaires de 1836. L'expédition de Constantine par M. le maréchal Clausel, à laquelle M. le duc de Mortemart a participé, lui avait fourni une foule de documents précieux sur l'Afrique. La ligne de conduite qu'il a adoptée, dès son début aux affaires, et dont il ne s'est jamais départi, est franche et loyale, honorable et patriotique. Il a toujours pensé que les intérêts généraux de la France devaient passer avant les intérêts privés, et que, devant la patrie en danger, toute sympathie, tout sentiment personnel devait s'effacer. En agissant ainsi, M. le duc de Mortemart a compris les obligations du noble héritier d'une grande famille, qui, sur tous les champs de bataille où se sont agitées les destinées de la France, a versé le plus pur de son sang pour assurer le salut et la prospérité, l'honneur et la dignité de son pays.

Les armes de la Maison de Rochechouart-Mortemart sont : *Fascé, ondé d'argent et de gueules de six pièces;* supports : deux griffons; devise : *antè mare undæ.*

ABANCOURT (M. Harmand, vicomte d').

M. Harmand, vicomte d'Abancourt (Anne-Étienne-Louis), est né à Châlons-sur-Marne, le 23 août 1774. Il appartient à une famille de Lorraine, qui dès le XVe siècle, était honorablement établie dans les environs de Saint-Mihiel, et dont beaucoup de membres se sont distingués dans l'administration, la magistrature, le barreau et l'armée; l'un deux Alexis-Harmand, reçut, en 1722, des lettres de noblesse du duc Léopold de Lorraine.

Son aïeul paternel fut, pendant quarante ans, juge civil et criminel et maître des eaux et forêts du comté de Beaulieu en Argonne (Meuse).

Son père fut, en 1789, élu député aux Etats-Généraux par le bailliage de Château-Thierry (Aisne). Il en rédigea le cahier qui se fit remarquer par des vues saines, exprimées avec modération, et dont on publia deux éditions.

Il était l'un des quatre députés du tiers état, qui revêtus de leur costume, se pressèrent auprès du roi, sur le balcon de la cour de marbre, au moment de l'invasion du château de Versailles, par une populace furieuse, dans la journée du 5 octobre 1789.

1845

43

Après la dissolution de l'Assemblée constituante, la modération de ses principes l'exposa à des persécutions ; il y échappa en demeurant étranger à toutes fonctions politiques. Mais en 1800, il fut nommé préfet du département de la Mayenne, où sa tâche spéciale fut d'éteindre les derniers feux de la guerre civile et d'en effacer les traces. Il la remplit avec honneur pendant treize ans, et laissa dans le pays d'honorables souvenirs. Il avait été, en 1809, créé baron sous le titre d'Abancourt, nom d'une propriété à lui appartenant dans le département de la Meuse.

Son fils aîné, qui fait l'objet de cet article, entra à son tour dans la carrière administrative et fut nommé, en 1809, sous-préfet de Savenay (Loire-Inférieure), puis auditeur au conseil d'État en 1810 et préfet des Hautes-Alpes, en janvier 1814.

Tout était obstacle alors pour l'accomplissement de cette mission. Pour parvenir à son poste, le nouveau préfet eut à lutter contre les difficultés que lui opposait la double invasion des neiges et de l'étranger ; il ne pénétra jusqu'à sa préfecture qu'à travers les avant-postes des armées, et comme on arrive en plein hiver, aux sommités des Alpes, c'est-à-dire, au milieu des tourmentes qui semblaient lui présager les prochaines catastrophes politiques qu'il était destiné à subir deux fois en peu de mois.

Aussitôt après sa prise de possession, il se hâta d'organiser des moyens de résistance ; il leva la jeunesse du pays et la jeta dans Briançon, ainsi que dans les autres places fortes du département. La contrée protégée par ces places et par ses montagnes, inaccessibles dans cette saison, resta exempte des malheurs de l'invasion et de la présence de l'étranger. C'est ainsi, qu'aidé d'ailleurs par la protection que recevait le Dauphiné, du voisinage du corps commandé par le maréchal Augereau, le préfet des Hautes-Alpes, put maintenir dans le département l'autorité de l'Empereur jusqu'au 14 avril, quinze jours plus tard que l'occupation de Paris !

Néanmoins et malgré ces preuves de dévouement au gouvernement dont il tenait son mandat, le préfet fut conservé dans son poste par Louis XVIII qui, éclairé sans doute par les rapports de M. de Juigné, commissaire extraordinaire du roi, dans la septième division militaire, ne lui fit pas un crime de sa fidélité. Il reçut l'automne suivant à Grenoble, la croix de la Légion-d'Honneur des mains de Monsieur (Charles X). Cette distinction lui fut confirmée, après le voyage du prince, par ordonnance du roi, du 13 février 1815, ordonnance qui ne lui parvint d'ailleurs que dans le département des Basses-Alpes, sur le territoire duquel il avait été obligé de se réfugier. Elle le trouva aux prises avec les épreuves que venait de lui imposer l'invasion des troupes de l'île d'Elbe, épreuves bien autrement graves encore que celles que, moins d'une année auparavant, lui avait fait subir la chûte du gouvernement impérial.

Le débarquement au golfe Juan venait de s'effectuer ! Placé à Gap, sur la route de Napoléon, qu'un an plus tôt il venait de servir de tous les efforts de son zèle, le préfet ne crut pas que ses serments envers le roi, serments si récemment renouvelés, en échange de l'étoile d'honneur, lui permissent de rentrer sous des lois dont, à ses yeux, l'abdication de l'Empereur l'avait dégagé.

Fidèle à cette conviction, il n'hésita pas à s'opposer à son retour, et, par une proclamation vigoureuse, en date du 4 mars, il appela aux armes les habitants; prescrivant aux autorités administratives toutes les mesures d'armement et de défense que la circonstance paraissait commander; mais le passage de la durance effectuée par Napoléon, sans résistance, dans le département voisin (au pont de Sistéron), et l'extrême rapidité de la marche, prévinrent l'exécution de ces mesures.

En effet, dès le 5 mars au soir, Napoléon entrait à Gap, ville ouverte et sans défense. On sait comment le dénouement de l'expédition s'accomplît dans la journée du surlendemain, d'abord près du lac de Lafrey, et, peu d'heures après, à Grenoble.

A la suite de cette tentative de résistance, et après quelque temps passé dans une lutte devenue impuissante, le préfet, qui avait été révoqué de ses fonctions dès le 6 mars, se replia sur Sistéron qu'occupaient les troupes royales et il resta en provence, d'abord en qualité de commissaire du roi, puis comme particulier jusqu'au mois de juillet, époque où il fut nommé préfet du Puy-de-Dôme.

Il administra, dans les circonstances politiques et locales les plus difficiles, ce département, dont la moitié, placée sur la rive droite de l'Allier, était occupée par les étrangers, et il parvint, non sans peine, à soustraire entièrement la partie du pays, située sur la rive gauche de cette rivière, aux réquisitions dont il était chaque jour harcelé. Ce devoir, pour l'accomplissement duquel il ne fallait que du courage et quelqu'habileté, ne fut pas le plus pénible de ceux qui lui furent imposés, au milieu des difficultés de toute nature dont fut entourée son administration, à cette époque de licenciement de l'armée de la Loire et de réorganisation générale du personnel administratif.

Il quitta ce département, en avril 1817, et passa à la préfecture de la Corrèze, où près de deux années d'une affreuse disette furent supportées avec un admirable courage, à l'aide de travaux et de secours improvisés dans ce pays toujours pauvre, et alors privé non-seulement de céréales, comme tout le reste de la France, mais encore de sa récolte spéciale de châtaignes.

En présence d'une situation si grave, des ateliers créés, dirigés et quelquefois défrayés en partie par les principaux habitants, reçurent les hommes valides, tandis que la charité de tous, exaltée à la vue de tant de misères, suffit pour secourir les faibles et les infirmes. Une organisation rapide autant que forte, avait pourvu à cette double nécessité ! Les temps mauvais furent ainsi surmontés, et cette rude épreuve ayant été subie avec honneur par une population sage, courageuse ou résignée, il resta au pays d'utiles communications de plus, qui furent entièrement son ouvrage, et aux habitants, d'un côté l'honorable habitude de demander au travail des secours contre le besoin, et de l'autre celle du bon ordre, de la résignation et de la confiance qui avaient préservé les faibles, non-seulement du désespoir, mais encore de la dégradation, compagne d'une mendicité vagabonde.

Cette tâche était accomplie, lorsque le préfet fut transféré à la préfecture des Ardennes, emportant dans ses nouvelles lettres de service, des témoignages de la satisfaction du gouvernement qui ne furent pas démentis par l'opinion publique.

Un gage durable de cette satisfaction lui est resté dans le titre héréditaire de vicomte, qui lui fut accordé par ordonnance du 10 octobre 1819, et plus tard, par lettres patentes du 30 avril 1822, sous la dénomination particulière de d'Abancourt, qui déjà avait été attribuée à son père, avec le titre de baron. Ces lettres patentes sont conçues dans des termes dont sa famille, à bon droit, pourra toujours s'honorer.

Des difficultés d'une nature nouvelle, attendaient M. Harmand d'Abancourt dans les Ardennes. L'occupation de ce pays frontière, par les étrangers, avait imposé d'immenses sacrifices aux habitants. Elle avait laissé à sa suite de grandes charges à répartir et un système entier de dédommagements à organiser. Le désordre s'était introduit dans les finances et dans la compta-

bilité des communes, notamment de celles qui, étant propriétaires de bois, ont des revenus plus ou moins considérables. De
toute part des plaintes éclataient. Fondées ou non fondées, ces
plaintes témoignaient du défaut de confiance des citoyens envers
l'administration municipale et constataient le besoin de rendre
à celle-ci, la force morale qui lui échappait. Pour parvenir à ce
but, il devenait urgent de répandre le plus grand jour sur les
opérations de l'administration, de redresser les griefs légitimes,
de dissiper les soupçons injustes et de rétablir partout l'ordre et
l'économie. Ce fut la principale tâche du nouveau préfet.

D'une part, il mit à jour les comptes généralement fort
arriérés des communes et dont un certain nombre, n'ayant pas
été apurés depuis l'établissement des percepteurs à vie, c'est-
à-dire, depuis vingt ans, ne pouvaient plus l'être que par le con-
cours des héritiers des comptables.

D'un autre côté, il établit amiablement, par les soins des
conseils municipaux, avec adjonction des plus imposés, la répartition des charges de guerre ; il fit connaître à ses administrés
la valeur en capital et intérêts des indemnités accordées par le
gouvernement, pour subvenir à ces charges, et il s'attacha à
rendre cette connaissance populaire ; il prémunit ainsi les inté-
ressés contre le danger des offres trompeuses qui leur étaient
faites, et surmontant, non sans efforts, cette méfiance commune
aux habitants de la campagne, il les sauva en quelque sorte malgré
eux, du fléau des gens d'affaires et des spéculateurs qui, comme
une autre invasion, commençait déjà à dévorer, en la rachetant
à vil prix, une indemnité dont on n'avait pas jusque-là connu
l'importance et qui allait être ainsi pour les ayant-droit, réduite
de plusieurs millions.

Ces services et quelques autres ne sauvèrent pas M. Harmand
d'Abancourt des attaques de l'esprit de parti. Comme il avait à

administrer une population de doctrines libérales quoique sages, et qu'il était dans sa nature d'être pour tous d'une justice égale et d'un facile accès, quelques individus en prirent occasion, dans leur intolérance, d'insinuer contre lui des accusations de libéralisme. Ailleurs, on lui avait fait le reproche contraire ! Cette intrigue d'une poignée d'hommes qui, agissant par extension sur le département voisin, venait déjà de faire destituer son frère de la sous-préfecture de Verdun, le fit éloigner à son retour. On l'envoya dans le département de l'Allier, au mois de juin 1823.

Il ne se résigna qu'avec hésitation à accepter cette nouvelle mission, par laquelle se trouvaient brisés à la fois, après quatre ans et demie d'une administration heureusement mêlée d'affection réciproque, les liens qui l'attachaient au département des Ardennes et ceux du voisinage qui l'unissaient à celui de la Meuse, auquel il appartient par sa famille, ainsi que par ses propriétés. L'administration, qui reconnut peut-être le tort qu'elle s'était donné envers lui et à coup sûr, celui qu'elle lui avait infligé, s'efforça de le consoler par des paroles bienveillantes suivies bientôt de la croix d'officier de la Légion-d'Honneur, qu'il reçut le 11 août 1823.

Il fut accueilli avec confiance dans le département de l'Allier, qui se fait remarquer par une population de mœurs douces et d'une administration facile. Toutefois il dissimulait mal les regrets que son changement de position lui avait inspirés, et il ne tarda pas à recevoir, dans son éloignement, la preuve que ce sentiment était partagé.

Le 26 février 1824, M. Harmand d'Abancourt fut nommé député à la Chambre élective par le principal collége électoral du département des Ardennes, composé alors de trois de ses cinq arrondissements administratifs (ceux de Mézières, Sédan et Rocroi). C'est ainsi que l'opinion du pays le vengea, en son absence, par une adoption spontanée, de l'intrigue dont il venait d'essuyer les coups, et que furent renoués entre le département et lui les rapports de confiance ainsi que d'attachement qui les avaient unis.

Pendant la durée de son mandat électif, comme plus tard dans l'autre chambre, M. Harmand d'Abancourt parut peu à la tribune. Il en était éloigné par sa timidité naturelle ; cette timidité, qui pesait sur lui dans toutes les occasions où il avait à parler devant un grand nombre de personnes, lui ôtait le sang-froid qui, donnant à l'orateur la faculté de dominer la discussion, laisse entièrement libre le jeu de sa pensée et lui permet de fournir à propos la réplique à des objections inattendues. Cette faculté lui manquait ! Pour essayer de l'acquérir par l'usage et de surmonter honorablement cette difficulté, il lui aurait fallu se vouer aux combats de la tribune, et par conséquent se livrer à des études, à des travaux soutenus, pour lesquels il pensait que le temps lui aurait manqué, ce temps se trouvant déjà absorbé par les devoirs inhérents à ses fonctions publiques.

Dès l'année 1824, M. Harmand d'Abancourt, las de l'existence errante qu'il avait subie depuis onze ans, renonça à sa préfecture et à toute autre, quelle qu'en put être l'importance. Il accepta, en échange, le secrétariat du conseil supérieur du commerce, avec le simple titre de maître des requêtes au conseil-d'état, en service extraordinaire. Ces dispositions résultent de deux ordonnances, en date du 26 août 1824.

De tels actes ne pouvaient rendre le nouveau député suspect d'ambition. Il y avait quatorze ans qu'il avait été nommé auditeur à l'ancien conseil-d'état, lorsqu'on lui conféra le titre de maître des requêtes, et il quittait un traitement de 20,000 fr., avec ses accessoires, composant une grande existence, pour recevoir de simples appointements inférieurs à cette somme.

Mais il avait à cœur de s'affranchir de l'influence des variations ministérielles dont il avait été longtemps le jouet, et telle était la force de son désir à cet égard que, dès l'année suivante, il abandonna le secrétariat du conseil supérieur du commerce pour un siége inamovible de maître des comptes, auquel sur sa demande, il fut nommé le 7 août 1825, avec un traitement moindre que celui qu'il quittait.

C'est ainsi que M. d'Abancourt achetait, par des diminutions successives de traitement, l'indépendance de situation qui convenait autant à son caractère personnel qu'à l'idée qu'il s'était faite de celui de député. Parvenu à ce but, son unique ambition se trouva satisfaite, et croyant avoir désormais posé les bornes de sa carrière publique, il mit, dès-lors, son bonheur à se renfermer dans ses devoirs de député, de magistrat et de père de famille, exempt qu'il était de toute prétention à l'avancement et aux honneurs !

Toutefois l'avancement et les honneurs lui sont advenus plus tard, mais avec la condition qui en fait le plus grand prix, c'est-à-dire dégagés, non-seulement de toute sollicitation, mais encore de toute demande, même indirecte. C'est là une circonstance qu'on aime à énoncer, alors que les hommes d'état, dont ces distinctions furent l'ouvrage, sont encore pleins de vie.

Le 3 février 1829, M. Brière de Surgy, l'un des présidents de chambre à la Cour des comptes, étant décédé, le vicomte d'Abancourt fut, dès le surlendemain, nommé son successeur, sur la proposition de M. le marquis Barbé-Marbois, premier président à la Cour, et sur la présentation de M. le comte Roy, ministre des finances.

Avant cette époque, la Chambre des députés ayant été dissoute, le député d'adoption du département des Ardennes avait été réélu, le 24 novembre 1827.

44

Il le fut de nouveau le 20 juillet 1830, dans ces élections mémorables qui furent suivies de si près par les fatales ordonnances et par le renversement du trône duquel elles étaient émanées.

M. d'Abancourt revenait du collège électoral qu'il avait présidé, lorsqu'il reçut dans sa famille l'avis de la révolution qui s'accomplissait. A la nouvelle de cette terrible catastrophe, et en l'absence de tout ordre émané du gouvernement du Roi, il n'hésita pas à revenir à son poste. Quelle que pût être la manière de juger la question des pouvoirs confiés aux députés, il comprit que, dans un tel naufrage de l'organisation sociale, il lui restait encore des devoirs à remplir envers son pays, c'est-à-dire qu'il crut devoir prendre part aux délibérations de la Chambre dont il faisait partie. Après l'adoption de la nouvelle constitution, il prêta son serment, dont il fit la déclaration non seulement de ses principes politiques, mais aussi des sentiments douloureux que lui inspirait le malheur de la famille auguste qu'il avait servie avec tant de dévouement.

Cette déclaration et ce serment avaient beaucoup coûté à M. Harmand d'Abancourt, qui, dans le cours de sa carrière publique, avait mis au premier rang de ses doctrines la fidélité à la foi jurée, et qui, quinze ans plus tôt, en avait donné coup sur coup d'éclatantes preuves, non sans courage et sans danger. Son sacrifice, dans cette dernière circonstance, était d'autant plus grand qu'il était sincère.

Depuis lors, en effet, il n'a pas dévié de la ligne qui lui était tracée par cet engagement solennel. Il la suivit, tant dans sa mission de député, qui finit aux élections de 1831, que comme doyen des présidents de la Cour des comptes, et comme ayant été chargé, à ce dernier titre, de se rendre, dans des occasions solennelles, l'interprète des sentiments de sa compagnie.

L'honneur qu'il recevait de cette position fut suivi de sa pro-

motion au grade de commandeur de la Légion-d'Honneur, distinction qu'il reçut par ordonnance du 29 avril 1836.

C'est encore à cette haute position dans sa compagnie qu'il a
dû d'être élevé, en octobre 1837, à la dignité de pair de France.

La carrière politique fut alors rouverte pour lui, après six
années qu'à sa grande satisfaction il avait pu consacrer exclusivement aux travaux paisibles de la Cour des comptes et aux
jouissances de la vie de famille.

Cet affranchissement de la vie politique et cette félicité domestique prirent fin pour lui dans la même année. Il avait perdu, en
juin 1837, Mme d'Abancourt, femme d'un grand mérite, et qui
s'était montrée également d'un grand courage au milieu des
épreuves et des dangers qu'en 1815 elle n'avait pas cessé de partager avec son mari.

Le rapprochement des deux derniers événements de sa vie,
accomplis dans l'intervalle de quelques mois, marqués par son
veuvage et par son élévation à la pairie, ne fit que trop sentir à
M. d'Abancourt que si les hautes distinctions sociales peuvent
honorer la carrière de l'homme public, elles sont impuissantes
pour suppléer au bonheur de la vie privée et pour consoler le
père de famille des douleurs du foyer domestique.

[illegible]
[illegible]

[illegible]
[illegible]
[illegible]

L'Encyclopédie biographique du xixe *siècle* se divise en plusieurs catégories, ayant chacune un titre spécial :

1° Galerie des Rois et des Princes (8 volumes de 400 pages).
2° Fastes de la Pairie (4 volumes de 400 pages).
3° Illustrations nobiliaires (4 vol.   *id.*)
4° Tables de la Légion d'honneur (4 vol.   *id.*)
5° Panthéon académique (2 vol.   *id.*)
6° Musée militaire (2 vol.   *id.*)
7° Illustrations du Barreau et de la Magistrature (4 vol.   *id.*)
8° Médecins célèbres (2 vol.   *id.*)
9° Célébrités universitaires (2 vol.   *id.*)
10° Contemporaines célèbres (2 vol.   *id.*)
11° Silhouettes artistiques (2 vol.   *id.*)

L'Encyclopédie est imprimée dans le format in-4°, sur très-beau papier vélin satiné, en caractères neufs.

DE MAGNIFIQUES PORTRAITS ET DES AUTOGRAPHES AUTHENTIQUES accompagnent *quelques biographies* dans chaque catégorie.

Il parait, tous les huit jours, une livraison de plusieurs feuilles.

Comme nous publions simultanément toutes les catégories, les livraisons se croiseront de façon à satisfaire tous les souscripteurs.

CONDITIONS DE LA SOUSCRIPTION.

Les souscripteurs à une partie de l'Encyclopédie payent :

La feuille. . . . . . 20 centimes.
Le portrait. . . . 15   id.
L'autographe . . 10   id.

Les souscripteurs à l'ouvrage entier payent :

La feuille. . . . . 25 centimes,
ET REÇOIVENT GRATIS LES PORTRAITS ET LES AUTOGRAPHES.

Isolément :

La feuille se vend. . 1 fr.   »
Le portrait . . . . 50 c.
L'autographe. . . . . 25 c.

Les souscripteurs des départements payent le port en sus du prix.

Chaque livraison est enveloppée d'une jolie converture. Les souscripteurs à une catégorie au moins reçoivent (*franco*) leurs livraisons à domicile.

L'administration reçoit les mandats à vue sur la poste ou sur le trésor.

(Toute lettre non affranchie sera refusée).

Imprimerie Schneider et Langrand, rue d'Erfurth, 1.